高速列车
室内照明环境设计

Interior Lighting Environment Design
of High-Speed Train

徐伯初 饶鹏飞 著

西南交通大学出版社
·成都·

图书在版编目（CIP）数据

高速列车室内照明环境设计 / 徐伯初，饶鹏飞著．
—成都：西南交通大学出版社，2016.1
ISBN 978-7-5643-4357-6

Ⅰ．①高… Ⅱ．①徐… ②饶… Ⅲ．①高速列车 – 室内照明 – 设计 Ⅳ．①U292.91

中国版本图书馆 CIP 数据核字（2015）第 250326 号

高速列车室内照明环境设计

徐伯初　饶鹏飞　著

责 任 编 辑	罗小红
特 邀 编 辑	叶　俊
封 面 设 计	刘霁虹
出 版 发 行	西南交通大学出版社 （四川省成都市二环路北一段 111 号 西南交通大学创新大厦 21 楼）
发 行 部 电 话	028-87600564　028-87600533
邮 政 编 码	610031
网　　　　址	http://www.xnjdcbs.com
印　　　　刷	四川省印刷制版中心有限公司
成 品 尺 寸	170 mm × 240 mm
印　　　　张	12.5
字　　　　数	199 千
版　　　　次	2016 年 1 月第 1 版
印　　　　次	2016 年 1 月第 1 次
书　　　　号	ISBN 978-7-5643-4357-6
定　　　　价	68.00 元

图书如有印装质量问题　本社负责退换
版权所有　盗版必究　举报电话：028-87600562

5.4 本章小结 ... 109

第6章 中国高速列车室内照明设计改进建议 ... 111
6.1 高速列车室内照明问卷调查结果与实测数据比较分析 ... 113
6.2 良好的高速列车室内光环境 ... 115
6.3 中国高速列车室内照明设计改进建议 ... 118
    6.3.1 照明方式与照明种类的选择建议 ... 118
    6.3.2 物理照度值同视照度值的协调与选择建议 ... 119
    6.3.3 光源色表与色温的选择和使用建议 ... 121
    6.3.4 列车室内各表面色彩与反射率的选择和建议 ... 124
    6.3.5 照明控制系统的可微调性与适用范围建议 ... 126
    6.3.6 照明功能区间过渡的适应性建议 ... 127
    6.3.7 应急照明的改进建议 ... 130
    6.3.8 照明光源的选择与灯具的设计建议 ... 131
    6.3.9 照明灯具的安装方式与空间布局合理性建议 ... 142
    6.3.10 高速列车室内照明环境设计的其他建议 ... 147
6.4 本章小结 ... 148

第7章 中国高速列车室内照明设计的实践 ... 151
7.1 总体设计要求 ... 153
7.2 基于DIALux软件对相关车厢设计方案进行解析及验证 ... 153
    7.2.1 DIALux辅助照明设计软件简介 ... 153
    7.2.2 VIP车室内照明环境设计方案解析及验证 ... 153
    7.2.3 一等车室内照明环境设计方案解析及验证 ... 167
    7.2.4 餐车室内照明环境设计方案解析及验证 ... 173
7.3 本章小结 ... 185

结 论 ... 187

参考文献 ... 189

3.3 高速列车室内照明环境设计的方法与程序 ········ 30
3.3.1 研究方法 ········ 30
3.3.2 研究步骤与程序 ········ 30
3.3.3 研究组织结构 ········ 31
3.4 本章小结 ········ 31

第4章 高速列车室内照明环境的主观感受调查 ········ 33
4.1 高速列车室内照明环境与乘客的心理感受 ········ 35
4.1.1 照明视觉环境评价简述 ········ 35
4.1.2 确定评价项目 ········ 36
4.2 问卷设计与调查实施 ········ 36
4.2.1 问卷调查的目的 ········ 36
4.2.2 问卷的设计思路 ········ 37
4.2.3 问卷的设计流程 ········ 38
4.2.4 效度分析 ········ 41
4.2.5 信度分析 ········ 44
4.3 调查数据分析与讨论 ········ 48
4.3.1 数据收集整理 ········ 48
4.3.2 数据统计分析与讨论 ········ 48
4.4 本章小结 ········ 79

第5章 高速列车室内照明环境客观检测与评价 ········ 81
5.1 高速列车室内照明环境实地测量的目的与意义 ········ 83
5.2 高速列车室内照明环境实地测量的实施 ········ 83
5.2.1 实测对象 ········ 83
5.2.2 实测相关参数 ········ 91
5.2.3 实测仪器 ········ 91
5.2.4 实测条件 ········ 92
5.2.5 实测方法 ········ 92
5.3 实测数据处理与分析 ········ 95
5.3.1 高速列车各车型实测照度与均匀度分析 ········ 95
5.3.2 高速列车各车型实测有关表面反射比系数分析 ········ 105

目 录

第1章 高速列车室内照明环境设计概述 1
  1.1 高速列车室内照明环境设计的背景与意义 3
  1.2 国内外高速列车室内照明环境设计现状 3
    1.2.1 国外现状分析 3
    1.2.2 国内现状分析 5
  1.3 高速列车室内照明环境设计问题解析 7

第2章 高速列车室内照明子系统的独特性 9
  2.1 照明系统脉络简述 11
  2.2 高速列车室内照明子系统构成因素简析 12
  2.3 高速列车室内照明子系统与建筑公共空间照明子系统的纵向对
     比分析 13
  2.4 高速列车室内照明子系统与其他公共交通工具照明子系统的横
     向对比分析 16
  2.5 高速列车室内照明子系统与其他照明子系统共通性的借鉴意义 ... 18
  2.6 本章小结 20

第3章 高速列车室内照明环境设计的原则与方法 23
  3.1 高速列车室内的照明方式及效果 25
    3.1.1 泛光间接照明 26
    3.1.2 内透光照明 26
    3.1.3 轮廓修饰照明 27
    3.1.4 目标重点照明 28
  3.2 高速列车室内照明环境设计的原则 29
    3.2.1 功能性原则 29
    3.2.2 统一性原则 29
    3.2.3 环保性原则 29
    3.2.4 美学性原则 30

境相关空间的设计实践，进一步验证参考建议的合理性。

本书由作者主持参与的"十一五"国家科技支撑计划项目（编号：2009BAG12A01-FO2、2009BAG12A01-EO6、2009BAG12A01-E05-2）资助完成。李洋、李娟同志对本书进行了仔细的修改校正。另外限于笔者水平，书中难免有欠妥甚至错误之处，敬请广大读者给予批评和指正。

作者

2015年9月

前 言

高速列车是一个高速运动的空间载体，照明环境设计有其独有的特点，同时也是影响整车舒适性的因素之一。目前我国大部分列车内部环境设计与研究仅停留在基本生理与行为的满足上，与生产技术能力及旅客对舒适环境的期望都有很大差距，针对我国高速列车室内照明设计的标准及评价体系还不完善。本书从工业设计与视觉心理学的角度来研究列车室内照明环境设计。

车厢内部空间的光源有自然光和人工光两大类，不论是自然光还是灯光照明设计，在功能上都要满足照明、光质、视觉和效率、光影适度、布局便利。即：达到合适的照度水平；处理好空间亮度分布；把握好色温和显色性；对眩光加以有效地控制等。对于视觉而言，能够提供良好照明质量的照度范围是非常重要的。由于车辆运行时振动较大，容易造成视觉疲劳，对车内的照度要求也应做相应考虑。

高速列车作为一个高速运行的动态空间载体，其室内照明环境设计向建筑静态空间借鉴学习，关注在高速快节奏运行状态下车内照明环境的"慢生活"。本书通过对现行高速列车室内照明环境的展开问卷调查和实测物理参数的评价分析，提出中国高速列车室内照明照度参考值以及相关改进建议和注意事项；对高速列车进出隧道时车内照明环境与车外光环境的明暗适应问题提供解决方案和建议；在此基础上，展开中国高速列车室内照明环

第 1 章
高速列车室内照明环境设计概述

1.1 高速列车室内照明环境设计的背景与意义

高速铁路的发展是一个深远的主题，现今旅客出行的舒适性和便捷性在全球范围内得到强调，而高速列车室内照明环境设计在其整体舒适性设计与发展中起着重要的作用。

当前，我国高速列车多为从其他国家引进或联合研制开发，列车室内照明环境设计多以国外的照明设计为主，缺乏符合我国国民视觉环境的照明参考值和评价依据，尤其缺乏从工业设计与视觉心理学的角度来研究列车室内照明环境设计。

另外，高速列车室内照明实际设计也存在一些待解决的问题：由于高速列车是一个高速移动的空间，其照明环境设计有其独有的特点，而针对我国高速列车室内照明设计的标准及评价体系还没有建立和完善；我国高速列车室内照明物理照度达不到实际使用的要求；设计人员在照明设计上以满足物理照度等物理参数为设计依据，缺乏对高速列车乘客视觉环境的主观感受评价，特别缺乏对"视亮度""视照度""视觉集中点"等视觉心理学尺度的考量；在高速列车室内照明的光源色温方面缺乏合理的考虑，仅仅使用符合外国旅客色温感受的评价方式；在灯具的结构设计、安装方式与空间尺度上存在着照明物理照度很高，实际照明效果却不佳的问题，特别是间接照明装置空间安装尺度的问题导致光源亮度对比度大，形成不舒适、眩光等问题。因此，本书的研究对解决中国高速列车室内照明环境设计的问题具有重要的现实意义。同时，该方面的研究可以为设计人员提供参考，具有很强的实际意义。

1.2 国内外高速列车室内照明环境设计现状

1.2.1 国外现状分析

现代高速列车设计与制造广泛采用新工艺、新技术、新材料，这些都是为了保证高速列车的效能、安全性、舒适性，而高速列车室内照明环境设计在其中起着重要的作用。

在拥有350 km/h高速列车技术的国家中，具有代表性的国家及其高速列车室内照明效果如表1-1所示。

表1-1 具有代表性的国家及其高速列车室内照明效果

国家	车型	列车外观图例	列车室内照明效果图例
日本	新干线700系		
法国	AGV		
德国	ICE-3		
西班牙	Talgo-350		
意大利	Eurostar		

(图片来源: http://www.hasea.com/)

通过上面的资料统计可以看出，国外在高速列车室内照明环境设计方面是比较先进的。但就高速列车室内照明视觉环境方面的研究并不是很多，尤其是从工业设计与视觉心理学的角度来研究这一问题的几乎没有。国外对于高速列车室内照明的研究多是从照明物理尺度参数的角度来进行，缺乏与照明视觉环境心理尺度参数相结合的研究，所以这方面的研究还处于初级阶段，有待进一步发展。

1.2.2 国内现状分析

中国高速列车室内照明环境设计与研究目前还处在初级阶段，各方面的技术还不够成熟和完善，主要是通过引进、联合研制开发为先导来进行自主创新设计。这种发展模式在短期来看有比较显著的成效，但就长远来看，我国高速列车室内照明环境设计必须走自主创新的道路，否则很难有自己的特色和创新空间。

通过引进交流与合作研发，我国逐步掌握了一些高速列车设计的关键技术，并在一定程度上形成了自己的高速列车家族系列，如表1-2所示。

表1-2 中国现运行高速列车室内照明效果

车型	简介	列车外观图例	列车室内照明效果图例
CRH1	加拿大庞巴迪-四方-鲍尔（BSP）生产，原型车是庞巴迪为瑞典AB提供的Regina列车		
CRH2	中国南车四方（联合日本川崎重工）生产		

续表1-2 中国现运行高速列车室内照明效果

车型	简介	列车外观图例	列车室内照明效果图例
CRH3	中国北车唐山机车厂（联合德国西门子）生产，原型ICE3		 
CRH5	中国北车长春客车厂（联合法国阿尔斯通）生产，原型阿尔斯通为芬兰国铁提供的SM3型		 
CRH 380A	中国南车四方机车车辆股份在ＣＲＨ２Ｃ（CRH2-300）型电力动车组基础上自主研发的ＣＲＨ系列高速动车组		 

（图片来源：http://www.hasea.com/）

目前我国的高速列车设计与研发主要集中于车辆构造、转向架设计、机械结构设计等方面，而高速列车室内照明环境设计，从上面的资料来看，由于受引进国家的影响，形成了"万国牌"的特点，同时我国还要为其支付高昂的专利使用费用。因此，亟需探讨和研究适合我国实际国情的高速列车室内照明环境设计，尤其是从工业设计与视觉心理学的角度来进行研究。

1.3 高速列车室内照明环境设计问题解析

高速列车室内照明环境设计拟解决的问题如表1-3所示。

表1-3 高速列车室内照明环境设计拟解决的问题

序号	中国高速列车室内照明环境设计研究所涉及的主要问题	中国高速列车室内照明环境设计研究所涉及问题简略举例
1	照明的物理参数	a. 高速列车室内照明的物理照度与亮度的分布 b. 高速列车室内照明的光源色表与色温的选择和使用
2	照明的视觉环境心理参数舒适性	高速列车室内照明视觉环境的"视亮度""视照度"的参数选择与评价
3	照明与视知觉的评价	a. 照明对旅客定向的视觉作用 b. 照明对旅客决策的视觉作用
4	照明灯具的安装方式与空间布局合理性	a. 各功能区域灯具的安装方式与布局的选择 b. 车厢主光源间接照明的安装尺度设计与评价
5	照明功能区间过渡的适应性	a. 高速列车室内照明的暗适应与亮适应参数和注意事项 b. 过渡空间照明的选择与计算
6	照明控制系统的可微调性与适用范围	a. 昼夜行车照明控制系统的调节与选择 b. 不同功能区照明的控制调节
7	照明灯具的结构与材料选择的创新性	a. 灯具本身的结构设计及其与光源配光角的关系 b. 列车室内顶棚、墙面、地板及摆设物品的反射率的选择与评价

第 2 章
高速列车室内照明子系统的独特性

2.1 照明系统脉络简述

照明系统作为一种系统工程，涵盖了社会生活的方方面面，无论是太阳所提供的自然光源照明还是人类制造的人工光源照明，都属于照明系统的范畴，不论是静态空间照明还是动态空间照明，都包含着室内外光环境的协调与思考。为此笔者从宏观上分析总结了客观世界中照明系统脉络以及高速列车室内照明子系统在其中的位置，如图2-1所示。

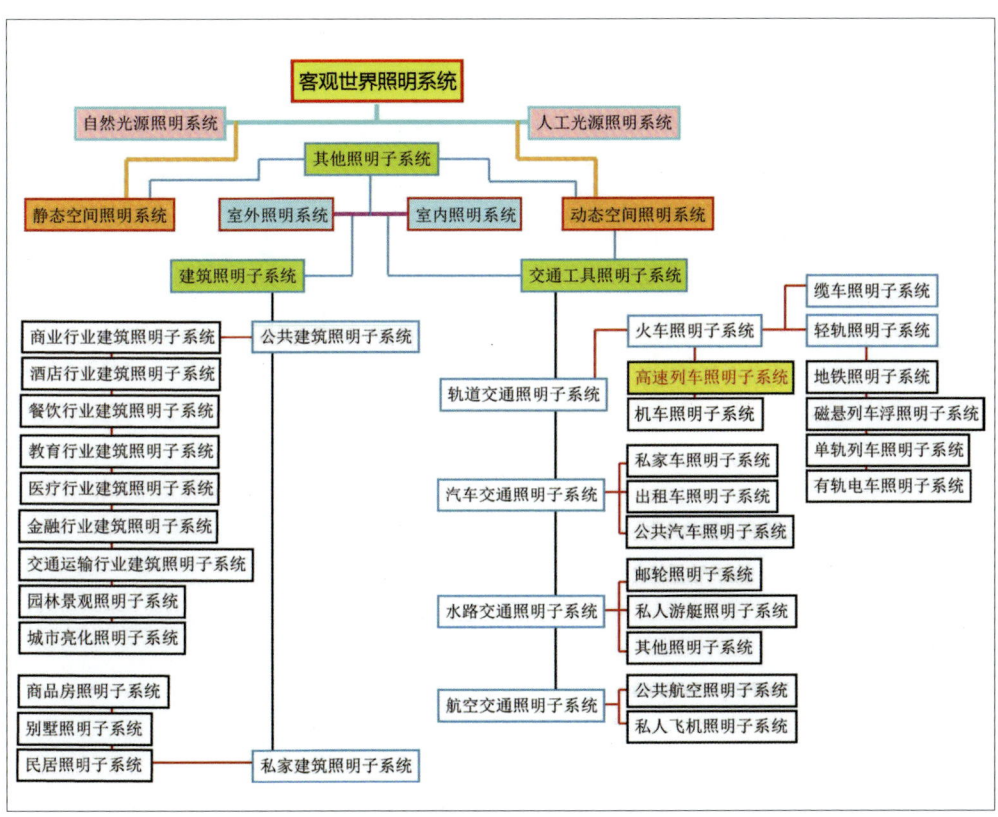

图2-1 客观世界照明系统脉络简图

2.2 高速列车室内照明子系统构成因素简析

高速列车室内照明子系统主要针对高速列车室内各功能空间进行照明设计，涉及不同使用功能区间、不同使用车型、不同使用条件等方方面面，为此笔者从微观上分析总结了目前我国高速列车室内照明子系统的构成，如图2-2所示。

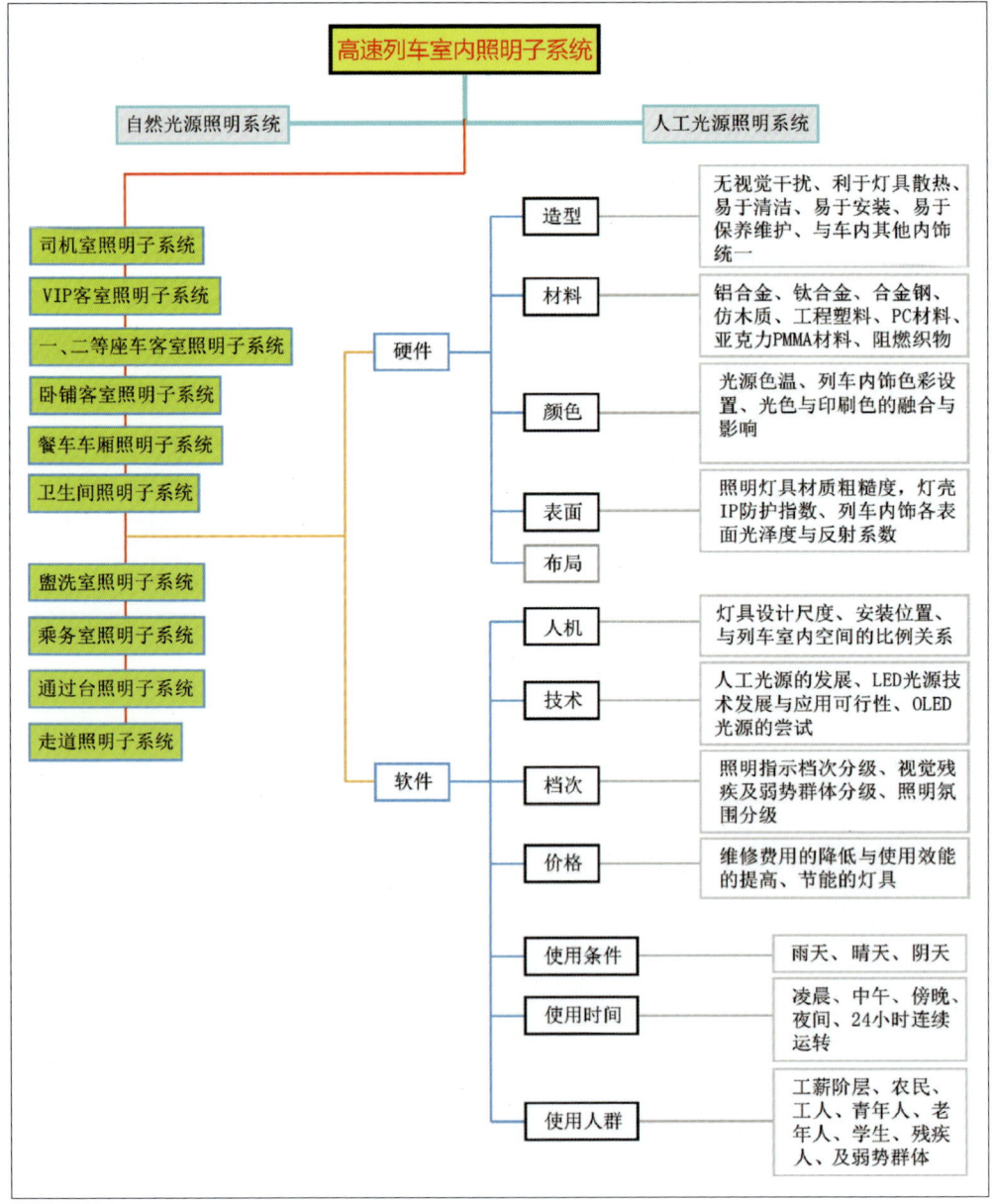

图2-2 高速列车室内照明子系统构成分析

12

2.3 高速列车室内照明子系统与建筑公共空间照明子系统的纵向对比分析

高速列车作为一个高速运行的动态空间，其室内照明子系统同样处于高速运动状态。由于目前对动态空间下室内照明环境的研究较少，因此对动态高速列车室内照明子系统与静态建筑公共空间室内照明子系统进行纵向对比分析就显得很有必要。通过分析静态建筑公共空间室内照明子系统与动态高速列车空间室内照明子系统的共通性与差异性，可以辨析出高速列车室内照明子系统自身的特点和设计注意事项，从而总结我国高速列车室内照明环境设计的设计方式和设计建议。高速列车是为乘客服务的空间环境，同样有相应的公共服务空间功能，因此在与建筑公共空间照明子系统进行纵向对比分析时也有一定的对应关系，如图2-3所示。

静态空间	动态空间
建筑商业包间室内照明	VIP车厢室内照明
建筑等候空间室内照明	一等、二等车厢室内照明
建筑酒店客房室内照明	卧铺车厢室内照明
建筑公共卫生间室内照明	列车卫生间室内照明
建筑餐厅、吧台灯光照明	餐车与吧台光源照明
建筑通道、走廊照明	列车通过台、走道照明
建筑商业会议室室内照明	列车会议室室内照明

图2-3 动态高速列车室内照明子系统与静态建筑公共空间室内照明子系统纵向关系

下面以列表的形式对动态高速列车室内照明子系统与静态建筑公共空间室内照明子系统进行纵向对比分析。如表2-1所示。

表2-1 动态高速列车室内照明子系统与静态建筑公共空间室内照明子系统对比分析

静态空间	建筑公共空间室内照明效果图例	动态空间	高速列车室内照明效果图例	共通性
建筑商业包间室内照明：可以选择多种灯具，例如：平面光源、荧光灯管、射灯、筒灯、光影旋转灯、吊灯等，并且其灯具安装方式灵活性很大，对灯具的IP防护指数要求不高		**VIP车厢室内照明**：多以平面光源或投射列车顶棚为主体照明，以筒灯作为二级照明，同时在车窗下以彩色线条灯为装饰照明，由于列车高速运行的震动，对灯具的IP防护指数要求高		需要考虑空间照明的氛围调节性
建筑等候空间室内照明：这些照明空间集中在公共等候区域，例如：各类站点候车室、各类机构接待室、学校教室、医院等待区等，多以大空间高照度照明为主，多使用顶棚灯、吊灯等		**一等、二等车厢室内照明**：多以平面光源或投射列车顶棚为主体照明，以筒灯作为二级照明，同时在车窗下以彩色线条灯为装饰照明，由于列车高速运行的震动，对灯具的IP防护指数要求高		需要考虑照度的基本满足
建筑酒店客房室内照明：多以吸顶灯为主体照明，照度一般为75 lx，光色多偏暖色，床头以台灯辅助照明，照度一般为150 lx，客房写字台台面以台灯局部照明，照度一般为300 lx		**卧铺车厢室内照明**：多以平面光源为主体照明，卧铺床头设置LED阅读灯进行局部照明，由于列车高速运行的震动，对灯具的IP防护指数要求高		需要考虑床头阅读的需要

续表2-1

静态空间	建筑公共空间室内照明效果图例	动态空间	高速列车室内照明效果图例	共通性
建筑公共卫生间室内照明：这些照明空间集中在车站、机场、接待中心、酒店等公共场所，多以荧光灯管、吸顶灯、节能灯为主要照明灯具，照度一般为150 lx，常用暗藏荧光灯漫射的照明表现手法		**列车卫生间室内照明**：多以平面光源、筒灯或射灯为主体照明，由于列车高速运行的震动，对灯具的IP防护指数要求高		需要使用高照度冷色温光源以保证场所感觉清洁
建筑餐厅、吧台灯光照明：多以暖色荧光灯管、射灯、筒灯、BAR灯、吊灯、格栅灯为主，中餐厅照度一般为200 lx，西餐厅、酒吧、咖啡厅一般为100 lx		**餐车与吧台光源照明**：多以暖色平面光源或投射列车顶棚为主体照明，以筒灯作为二级照明，吧台多以筒灯、射灯照明		需要使用暖色色温光源以保证菜肴的色佳
建筑通道、走廊照明：这些照明空间集中在酒店客房通道、走廊等公共场所，多以筒灯、投射顶棚漫射光源、吸顶灯为主，地面照度一般为50 lx，对灯具的IP防护指数要求不高		**列车通过台、走道照明**：多以平面光源或筒灯作为主体照明，由于列车高速运行的震动，对灯具的IP防护指数要求高，要求设置应急照明		需要保证人员通过的照度需要

续表2-1

静态空间	建筑公共空间室内照明效果图例	动态空间	高速列车室内照明效果图例	共通性
建筑商业会议室室内照明：多以日光色荧光灯管、筒灯、吊灯、格栅灯为主，要求高照度日光色温为主体照明，多种灯具分组控制		列车会议室室内照明：为未来我国高速列车室内照明功能空间的一种尝试，以建筑商业会议室室内照明为参考		需要保证参会人员的阅读照度需要

  高速列车作为高速移动的动态空间，对车外光环境的影响较为敏感，特别是在不断穿越隧道时，不同的亮度差造成了乘客明暗适应性的降低，容易导致视觉疲劳，同时车窗外景物的视觉快速移动也常常影响高速列车室内照明环境。因此高速列车室内的主体照明基本都沿用平面光源或泛光源这种单一却稳定可靠的照明方式，使整个列车室内光环境比较稳定，从而形成一种外部高速移动"快节奏"与内部照明环境"慢生活"的心理补偿，也在一定程度上弥补了列车高速运行的心理紧张感受。

  建筑公共空间室内照明环境作为一种静态空间，振动是这一空间较少需要考虑的，因此其照明方式和照明手法比较自由，可以使用吊灯、导轨灯等照明灯具。而高速列车在铁轨上高速运行总会产生一定频率的振动，因此在高速列车室内照明环境设计时需要考虑灯具外壳防护度与其自身振动频率的设计。同时高速列车室内空间作为一个高度密集人流的小空间，灯具的耐碰撞性也是需要关注的重要因素。建筑公共空间层高多为3 m以上，因此照明灯具常常允许透明灯罩的使用，而高速列车室内层高多为2.5 m以下，若照明灯具使用透明灯罩容易导致眩光的问题，因此需要采用磨砂或乳白色灯罩来进行光线的调和。

2.4 高速列车室内照明子系统与其他公共交通工具室内照明子系统的横向对比分析

  分析动态空间下其他公共交通工具室内照明子系统与高速列车室内照明子系统的共通性与差异性，可以从中学习前人的照明设计经验和设计手法，为高速列车室内照明环境设计提供有实际价值的建议。由于高速列车是一个公共空间,所以与其作对比的其他交通工具类型也应为公共使用的空间,这里选择陆路的公路客车、水路的观光邮轮、航空的民航飞机来进行交通系统内的横向对比,如图2-4所示。

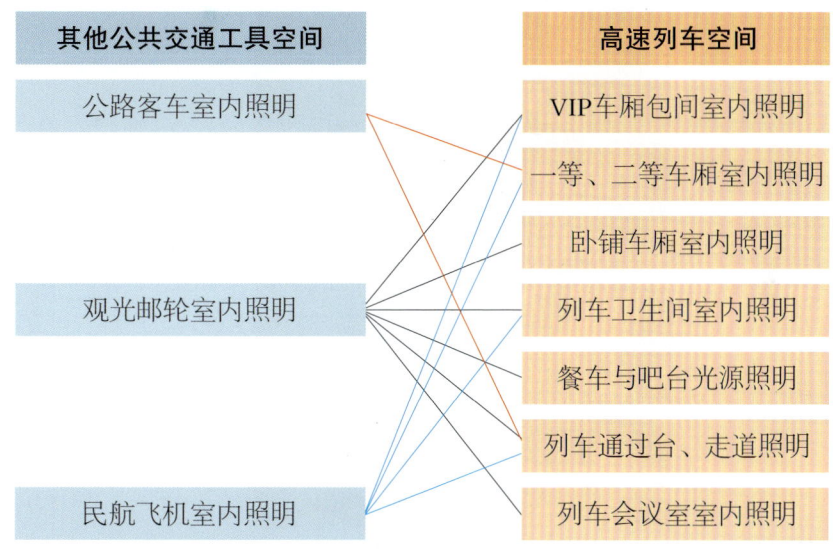

图2-4 高速列车动态空间室内照明与其他公共交通工具动态空间室内照明横向关系

下面以列表的形式对高速列车动态空间室内照明子系统与其他公共交通工具动态空间室内照明子系统进行横向对比分析。如表2-2所示。

表2-2 高速列车动态空间室内照明与其他公共交通工具动态空间室内照明横向对比分析

其他公共交通工具空间	其他公共交通工具室内照明效果图例	高速列车空间	共通性
公路客车室内照明:多以灯带、点光源阅读灯为主,照度一般为地面50 lx,对灯具的IP防护指数要求不高,短距离运输照明,运行自由度较高	金龙客车公司——大中型公路客车	**高速列车动态空间室内照明:**多以平面光源或筒灯作为主体照明,由于列车高速运行的震动,对灯具的IP防护指数要求高,长距离运输照明,要求设置应急照明	受车外自然光线影响较大

续表2-2

其他公共交通工具空间	其他公共交通工具室内照明效果图例	高速列车空间	共通性
观光邮轮室内照明：多以日光色荧光灯管、射灯、筒灯、吊灯、格栅灯、轨道灯为主，由于航速较低与建筑静态空间室内照明差别很小，照明设计方式较为自由，对灯具的防水指数要求较高	嘉年华邮轮公司——欢欣号（Elation）	**高速列车动态空间室内照明：**作为高速移动的动态空间，不能采用吊灯设计，各灯具需要稳固的安装和设计，照明设计方式较为单一，外壳防护抗震指数较高	需要一定的灯具外壳防护指数
民航飞机室内照明：作为同样高速移动的动态空间，民航飞机可呈非线性运动，且多在空中飞行，对机舱外自然光线敏感度较小，多以泛光源作为主题照明，以阅读灯作为局部补充照明		**高速列车动态空间室内照明：**作为高速移动的动态空间，高速列车呈线性运动，且在陆地上运行，对车外景物和自然光线的敏感度较大	都为高速移动的动态空间，需要一定的灯具外壳防护指数

（图片来源：http://www.boeingchina.com http://www.carnival-china.com/ship/）

2.5 高速列车室内照明子系统与其他照明子系统共通性的借鉴意义

建筑公共空间室内照明是人们日常生活中最为适应的照明环境，而乘坐高速列车的乘客来自天南海北，在高速列车室内照明环境设计中如何做到最大的优化和兼顾常常需要对建筑公共空间室内照明进行学习和借鉴。列车客室的主体照明色温选择人们日常在建筑公共空间室内照明习惯的色温，以此来减小不同地域人群的视觉习惯差异。建筑酒店客房室内照明常常选用较低的照度与偏暖色的照明，让顾客很自然放松下来，感觉像回到家里一样，其照明传达的暗示和感受是：舒适、安静、亲切、温馨、高雅、安全、私密等，这一点在高速列车卧铺包间照明设计中可以学习和借鉴。建筑公共卫生间有较高的照度以保证脸部细节清晰，让顾客看清化妆的各个细微之处，使其更自信满意，这一点在高速列车卫生间与洗脸室的照明设计中可以学习和借鉴。建筑通道、走廊在夜晚设置适当的照度以给予顾客一种安全感，如果照度过低，会使人感到恐惧和缺乏安全感，这一点在高速列车通过台和小走廊的照明设计中可以学习和借鉴。

作为便捷机动运输的公路客车，其常常在照明设计细节上具有一定的人文关怀，例如：上下车阶梯脚灯的设计，上车第一级阶梯边缘软灯带的提示功能的设计等，这些都是高速列车室内照明环境设计可以学习和借鉴的地方。

观光邮轮因为航速较慢，其室内照明设计自由度很高，常常在照明氛围的设计上很有特色。观光邮轮通过不同形式的照度和色温给空间环境增添了一定的情感和氛围，让照明不再仅仅是一种照亮事物的工具，而更是情绪调动和协调的媒介。这些往往在提升室内照明环境服务品质和直观感受上很有效果，高速列车室内照明环境设计可以学习和借鉴。

民航飞机室内照明环境是和高速列车室内照明环境极为相近的空间。民航飞机在照明档次和照明指示的设计上很有特色。照明是一种无声的语言，就好比电影院灯光暗下来是提示您"电影开始放映了，请保持安静"一样，民航飞机在起飞时刻、上升时刻、飞行途中的用餐和睡眠、飞机着陆时刻都有相应的照明变化进行提示。民航飞机室内照明环境在这方面做得较好，高速列车室内照明环境设计可以学习和借鉴。

通过与静态建筑公共空间室内照明环境、其他公共交通工具动态空间室内照明环境的对比，可以看出高速列车动态空间室内照明环境有自身的一些特点：

（1）高速列车空间是一个高速移动的动态空间环境，对车外光环境的影响较为敏感，在进行照明设计时需要考虑车内外两个光环境的综合影响。

（2）作为在铁轨上高速运行的照明空间，照明设计的防震性和防碰撞性是需要考虑的重要因素，其灯具的防护指数需要达到一定的国家标准，如表2-3所示。

（3）高速列车通过室内照明设计来加强不同车厢和功能区域的划分，使不同价位乘车环境的乘客都觉得物有所值，都能感受到科学技术带来的生活品质提升。

（4）高速列车室内照明光环境的稳定与温馨的照明氛围所形成的"慢生活"感受，使乘客享受高速列车高速便捷的同时体验其室内照明环境有家一样的安定与可信赖感。

（5）高速列车室内照明灯具需要采用牢靠的固定式安装，不能使用吊灯等晃动大的灯具进行照明。由于列车层高较建筑室内空间低，因此筒灯需要采用嵌入式来进行设计和安装。

表2-3 国标GB7001-86"灯具外壳防护等级分类"规定

第1位	防护等级IP	第2位	防护等级IP
0	无防护	0	无防护
1	防护大于50 mm固体异物	1	防滴水
2	防护大于12 mm固体异物	2	15°防滴水（倾斜15°以内）
3	防护大于2.5 mm固体异物	3	防淋水（与垂直成60°范围以内）
4	防护大于1 mm固体异物	4	防溅水（任何方向）
5	防尘（不能完全防止尘埃进入）	5	防喷水（任何方向）
6	防尘（无尘埃进入）	6	防猛烈海浪（进入外壳水量不达有害程度）
		7	防浸水影响（浸入规定压力和时间的水中，不达有害程度）
		8	防潜水影响（按规定长期潜水）

2.6 本章小结

本章对客观世界照明系统脉络进行了简要分析，并确定了高速列车照明环境子系统在整个照明系统中所处的位置，分析了高速列车室内照明环境子系统的构成要素。

通过动态高速列车空间室内照明子系统与静态建筑公共空间室内照明子系统的纵向对比以及与其他公共交通工具动态空间室内照明子系统的横向对比，分析和总结出了各子系统间的共通性与差异性，进而归纳出高速列车室内照明环境的自身特点和表现方式，为下一章的实地调研提供了感性认识和分析基础。

思考练习

1. 我们对产品或空间环境的认识如何系统化？我们如何从宏观上去了解它们？
2. 选择某一产品或空间环境，进行客观世界系统认识并绘制出相应的脉络图。
3. 针对某一产品或空间环境，进行横向与纵向的科学比较，并分析其自身的特点。

推荐书目

[1] 王超鹰. 21世纪超级灯光设计[M]. 上海：上海人民美术出版社，2006.
[2] 杜异. 照明系统设计[M]. 北京：中国建筑工业出版社，1999.
[3] [英]D·C普里查德. 照明设计[M]. 北京：中国建筑工业出版社，2006.
[4] [日]中岛龙兴. 照明灯光设计[M]. 马卫星，译. 北京：北京理工大学出版社，2003.
[5] [美]M·戴维·埃甘. 建筑照明[M]. 北京：中国建筑工业出版社，2006.
[6] 常志刚. 亮度空间设计[M]. 北京：中国建筑工业出版社，2007.
[7] 刘锋. 室内灯饰装潢技巧[M]. 上海：上海科学技术出版社，1997.
[8] 赵思毅. 室内光环境[M]. 南京：东南大学出版社，2003.
[9] 李文华. 室内照明设计[M]. 北京：中国水利水电出版社，2007.

第 3 章
高速列车室内照明环境设计的原则与方法

3.1 高速列车室内照明方式及效果

高速列车经过多年的发展,其室内照明环境设计水平在不断提高,光源使用的种类及照明方式的选择也逐渐丰富。泛光间接照明、内透光照明、轮廓修饰照明、目标重点照明等照明形式在高速列车室内照明环境中得到应用。

表3-1为灯具配光形式及其照明效果,将直接式照明、半直接式照明、全面扩散式照明、直接间接结合式照明、半间接式照明、间接式照明等配光形式,配合相应的光束比分析其照明效果,进而为高速列车室内照明环境设计提供合理的照明方式和设计效果选择。

表3-1 灯具配光形式及其照明效果

	直接式照明	半直接式照明	全面扩散式照明	直接间接结合式照明	半间接式照明	间接式照明
垂直面配光	A B C D	E	F	G	H	I J K
光束比 上部	0~10%	10%~40%	40%~60%	60%~90%	90%~100%	
光束比 下部	100%~90%	90%~60%	60%~40%	40%~10%	10%~0	
照明效果	(1)可得到水平面照度 (2)顶棚表面显得发暗 (3)白炽灯易形成严重阴影 (4)A使灯具显得发亮 (5)B没有直射眩光 (6)C为非对称配光 (7)D使下部照度升高,易形成眩光	(1)能够使顶棚稍微变亮,阴影较直接式柔和 (2)灯具的亮度不能过大	(1)可以使用乳白色球形灯罩 (2)灯具的亮度不能过大	不易形成眩光	由于顶棚与灯具自身都比较亮,空间内几乎不形成阴影	(1)物体立体感表现差 (2)顶棚较亮,但灯具易显出黑暗轮廓 (3)J、K连续配光能够均匀照亮顶棚

(资料来源:《照明设计入门》)

3.1.1 泛光间接照明

从普速的"绿皮车"到目前的高速列车，基本都沿用泛光间接照明为主体的照明方式。

高速列车作为高速移动的动态空间，对车外光环境的变化较为敏感，特别是在不断穿越隧道时，不同的亮度差造成乘客明暗适应性的降低，容易导致视觉疲劳。同时车窗外景物的视觉快速移动也常常影响高速列车室内照明环境，因此高速列车室内的主体照明同样沿用平面光源或泛光间接照明这种单一却稳定可靠的照明方式。整个列车室内光环境比较稳定，从而形成一种外部高速移动"快节奏"与内部照明环境"慢生活"的心理补偿，也在一定程度上缓解了列车高速运行的心理紧张。如图3-1所示。

图3-1 中国和谐号CRH2系列高速列车室内泛光间接照明

3.1.2 内透光照明

高速列车室内照明环境中，作为主体照明的泛光间接照明常常不能顾及列车室内大空间中的一些小空间及其局部照明，因此需要内透光照明为其进行良好的补充和辅助。在满足视觉功能的同时，也为高速列车室内照明环境氛围的营造提供有效的照明表现手法和美学感受。在高速列车室内照明环境中合理使用内透光照明，可以有效地控制眩光对乘客视觉的影响。内透光照明采用乳白色或磨砂表面灯罩，光线得到均匀扩散，使得眩光的干扰得以消除。如图3-2所示。

图3-2 中国和谐号CRH1系列高速列车室内内透光照明

3.1.3 轮廓修饰照明

高速列车室内照明，通过轮廓修饰照明方式强化功能分区的划分和使用，进而构建一个有序立体的使用空间。

在静态建筑空间中，轮廓修饰照明方式一般用于建筑外部造型轮廓的勾勒，运用点线面的构成方式来进行修饰，从而使建筑物更有体量感和空间感。而在高速列车室内照明环境中，轮廓修饰照明方式多用于窗户下缘、行李架边缘、吧台顶部、踢脚线处、列车顶棚脊结构处等。轮廓修饰照明方式能够加强车厢室内的整体感和层次感，并使光的"虚轮廓"与车体造型的"实轮廓"互相统一和补充，如图3-3所示。值得注意的是：在具体设计中，轮廓修饰照明方式的运用应具有节奏感和韵律感，应避免形式、色温、亮度过于一致而产生单调乏味感。

图3-3 中国和谐号CRH1系列高速列车室内轮廓修饰照明

3.1.4 目标重点照明

高速列车室内照明环境中，目标重点照明方式用来加强对某一事物的提示或对视觉需要的补充。高速列车作为一个公共使用的高速移动空间，在满足乘客基本使用需求的同时，还要考虑相应的安全和个人照明使用需求，因此，在列车车门进出口处设置目标重点照明、在座椅和卧铺处设置阅读灯就显得较为重要。高速列车室内照明环境设计中对目标重点照明的合理设计，逐渐成为评价照明环境品质的重要因素和指标。如图3-4所示。

图3-4 中国和谐号CRH1E型高速列车室内目标重点照明

3.2 高速列车室内照明环境设计的原则

高速列车室内照明环境设计需要考虑自然光的充分利用，同时合理利用人工光源以尽可能地节约能源。高速列车室内照明的目的分为以功能为主的"明视照明"和以舒适感为主的"气氛照明"。高速列车室内的光环境，不仅要注重明视性，而且要注重环境的舒适感与乘客心情的愉悦。明视照明与乘客在高速列车室内空间的视觉活动关系密切，气氛照明则与高速列车室内照明环境的舒适性关系很大。因此，高速列车室内照明环境设计需要满足一定的设计原则。

3.2.1 功能性原则

一切设计必然要满足一定的功能性作用，才能产生一定的使用价值，进而满足有效的经济价值和社会价值。在高速列车室内照明环境设计中，功能性原则的满足是首要因素。高速列车室内照明环境作为高速移动的动态空间，受其自身特点的影响在照明形式、照明灯具种类选用及照明表现手法上较之公共建筑室内照明空间表现得更为单一，因此，可以采用不同的照明方式来强化其功能性的满足。

3.2.2 统一性原则

高速列车室内照明环境在设计时要充分考虑照明设计与车体其他设计的配合与协调。在确定整车室内环境设计风格和视觉感受形式后，照明环境设计作为整车室内环境设计的一个子系统，需要做到统一性。需要把握好局部与整体的合理关系，同时，这种统一性不是乏味的千篇一律，而是需要照明环境设计个性与共性的并存，通过个性化的氛围照明设计为整车室内环境设计添彩。统一性原则的满足需要考虑灯具的造型形式、材质肌理的选用、光源的合理选择、色温与周围环境色彩的配合等。

3.2.3 环保性原则

随着高速列车的不断发展，其室内照明环境设计在灯具的选用上逐渐淘汰了白炽灯和荧光灯，而选用更为节能可靠的LED光源，使得照明光源更加的效率高、寿命长、安全而稳定。同时，也为灯具设计的不同形式提供了可能，为环保事业做出了一定贡献，也大大提升了高速列车室内照明环境的品质。

3.2.4 美学性原则

在满足使用功能的同时，也需要考虑满足一定的美学性原则。高速列车室内照明环境设计需要充分体现车内环境的造型美、材质美、形式美和氛围美，做到照明形式布局与车内空间大小、形状、造型风格、色彩搭配相协调，达到高速列车室内环境设计的整体美学要求。氛围照明的设计是营造高速列车室内照明环境的有效手段和表现方式，通过灯光照明方式、照度、色温的调节既可以营造安宁祥和的氛围感受，也可以形成欢快愉悦的氛围感受，更可以使车内环境显得高贵典雅。满足美学原则的高速列车室内照明环境设计可以让乘客心情愉悦舒畅，从而在一定程度上缓解他们的旅途疲劳，因此，进行设计时需要相应的考虑。

3.3 高速列车室内照明环境设计的方法与程序

3.3.1 研究方法

建议采取文献资料分析法、观察法、调查法、行为研究法、比较研究法、实验法及计算机仿真模拟法等研究方法进行研究。

3.3.2 研究步骤与程序

采取的研究步骤与程序如下：

（1）确定基本研究方向，制订相应的研究计划。

（2）收集整理相关的文献资料。

（3）对国内现役高速列车室内照明子系统进行分析，并与建筑室内照明子系统（动与静纵向比较）和其他交通工具子系统（动与动横向比较）进行对比分析。

（4）对国内现役高速列车室内照明进行实际调研和视觉环境评价（主观评价），并进行实地照明物理参数的测量（客观评价），同时对比分析主客观评价的结果。

（5）分析总结收集的文献资料、实际调研结果和实地测量数据结果，提出合理的中国高速列车室内照明设计物理参数参考值和视觉环境评价建议。

（6）在提出的中国高速列车室内照明环境设计建议指导下，进行中国高速列车室内照明设计实践，利用DIALux辅助照明设计模拟软件验证和完善设计方案。

3.3.3 研究组织结构（图3-5）

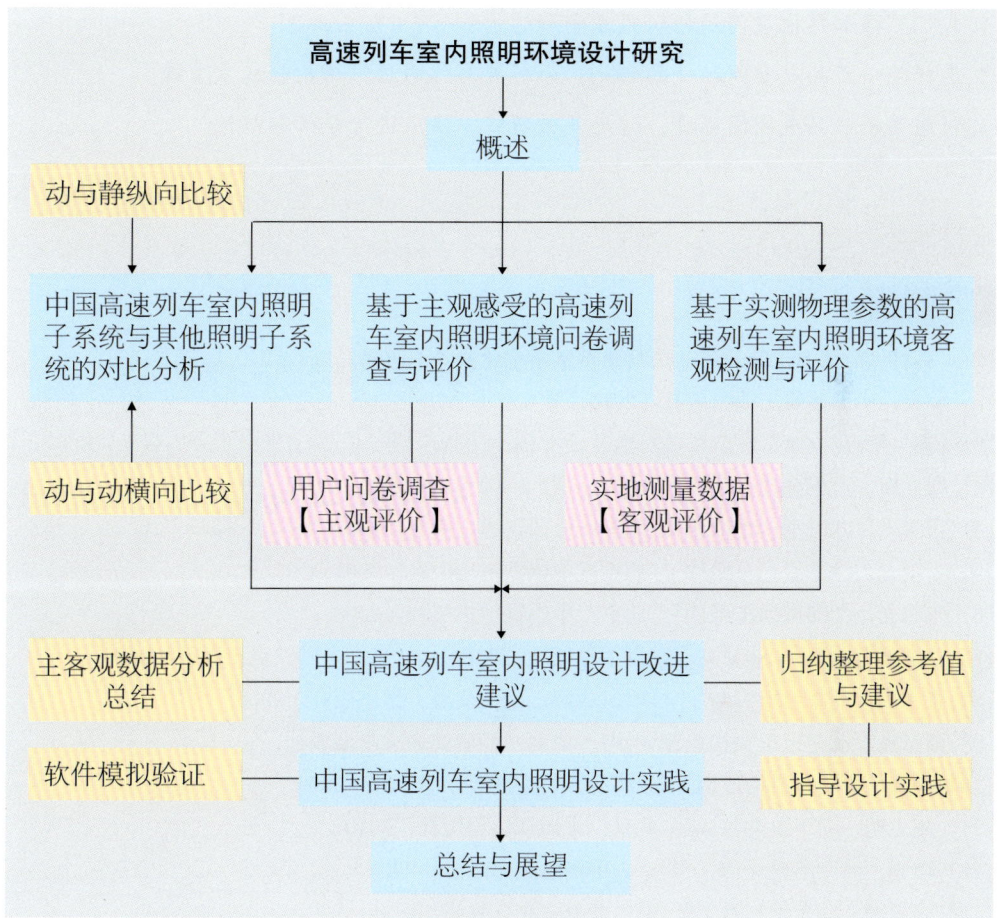

图3-5 研究组织结构

3.4 本章小结

本章主要对高速列车室内照明方式及效果进行分析和归纳，总结了高速列车室内照明环境设计的相关设计原则：功能性原则、统一性原则、环保性原则、美学性原则。同时，对高速列车室内照明环境设计的方法和程序进行了简要阐述，为本书后面的问卷主观感受调查和实地客观检测与评价提供了一定的理论基础和依据。

思考练习

1. 我们应该如何把握问题的研究方向和结构？
2. 选择某一产品或空间环境的研究，分析其写作的组织结构和文章主线。
3. 针对某一产品或空间环境，运用多种研究方法来进行分析和归纳。

推荐书目

[1] [英]伊恩·博登，等．怎样撰写建筑学学位论文（原著第二版）[M]．邢晓春，等，译．北京：中国建筑工业出版社，2010．

[2] [英] 罗温纳·摩雷．怎样撰写学位论文[M]．顾肃，等，译．北京：东方出版社，2007．

[3] 钱立新．世界高速铁路技术[M]．北京：中国铁道出版社，2002．

[4] 张曙光．CRH1型动车组[M]．北京：中国铁道出版社，2008．

[5] 张曙光．CRH2型动车组[M]．北京：中国铁道出版社，2008．

[6] 张曙光．CRH5型动车组[M]．北京：中国铁道出版社，2008．

[7] 铁道部运输局．CRH系列动车组故障处理汇编[M]．北京：中国铁道出版社，2008．

[8] 张中央．动车组操纵与安全[M]．成都：西南交通大学出版社，2008．

[9] 商跃进．动车组车辆构造设计[M]．成都：西南交通大学出版社，2010．

[10] 李晓村．动车组构造[M]．成都：西南交通大学出版社，2009．

[11] 刘志明．动车组设备[M]．北京：中国铁道出版社，2010．

[12] 李强．动车组设计[M]．北京：中国铁道出版社，2008．

[13] 宋永增．动车组制造工艺[M]．北京：中国铁道出版社，2007．

[14] 李芾．高速动车组概论[M]．成都：西南交通大学出版社，2008．

第 4 章
高速列车室内照明环境的主观感受调查

4.1 高速列车室内照明环境与乘客的心理感受

高速列车室内照明环境的设计必然形成一定的照明氛围,而照明氛围的烘托必然影响乘客的心理感受,因此,在进行设计时需要考虑影响乘客舒适感、安全感、私密感等心理感受的因素。

舒适感是高速列车室内照明环境设计中的一个重要因素,合理的照明视觉舒适感需要考虑:平均照度、照度均匀度、光源色温、光源显色性、光源频闪等相关因素。虽然目前照明照度的范围可以达到很大,但对于高速列车这种高速移动的动态空间来说,对照度的控制还是非常有必要的。如何通过光线来强化车内空间环境的营造是合理用光的重要手段。舒适感和视觉满意度作为一个重要的心理学指标,通常需要通过问卷调查统计分析来进行测量,且需要相对范围内的调研和试验才能得出一定的结论。

安全感是高速列车室内照明环境设计需要考虑的另一个重要因素,也是容易被忽视的因素。通常人们在黑暗的环境中总是极力寻找有光亮的地方,这种趋光性是人类自身心理感受需要满足的重要外在表现,光为人类在黑暗中提供了安全保证,形成了稳定的安全感。高速列车室内照明环境设计,通过人工光源来模拟自然光的生物钟变化效果是较合适的选择。同时,紧急情况下的应急照明是照明设计时需要重点考虑的因素,这与乘客的安全感密切相关。

私密感是乘客在公共场所中的重要感受因素。如何保证乘客有一定不受干扰的个人空间,是高速列车室内照明环境设计需要考虑的。高速列车车厢属于公共空间环境,乘客为不同地域、不同年龄层次、不同文化水平的人聚合而成的临时群体,这一群体中的个人空间环境感受会受到他人的一定干扰。因此,进行高速列车室内照明环境设计时,可以设计一定的阅读灯和小型筒灯,以强化个人空间领域的心理感受,即通过局部空间光环境的营造来满足乘客私密感的心理需求。

4.1.1 照明视觉环境评价简述

通过人们的视觉,对其所处的环境中光线照射下的各种物体的认识,用人们自身大脑的反映程度所描绘的人体外界环境就是照明视觉环境。照明视觉环境的评价是综合考虑照明视觉环境对人的工作效率以及视觉舒适度等方面的影响,通过调查问卷的方式进行评价和统计，从而确定人们所处照明环境下的视觉环境质量。

4.1.2 确定评价项目

对照明视觉环境中多种影响人的工作效率与视觉舒适度的因素进行评分，并计算照明环境指数，从而得出所处照明视觉环境的质量。本次高速列车室内环境问卷确定的视觉评价项目如表4-1所示。

表4-1 影响中国高速列车室内照明环境乘客感受的评价项目

编号	项目名称	备注
1	照（亮）度水平	体现被评价环境是否明亮，观看对象是否合适的指标
2	眩光	体现被评价环境中是否存在视觉亮度对比差异过大，进而导致人眼视物能力下降以及不能清楚观察物体具体细节的视觉评价指标
3	光温（色温）	体现光源光色冷、暖的评价指标
4	显色性	体现光源对被照射对象颜色还原能力的评价指标
5	照度均匀度	体现环境中光线分布是否均匀合理，是否产生光斑的评价指标
6	反射比系数	体现不同材质的物体表面在同一照明环境下产生不同亮度的指标
7	明暗适应	体现在同一空间照明环境中，从一个区域移动到另一个区域出现视觉不舒适的评价指标
8	光幕反射	体现在被观察物体上的镜面反射，使对比度降低到部分或者完全看不清物体细部的评价指标
9	空间及灯具形式	体现被评价空间照明环境内家具陈设及灯具的布置形式，以及它们之间的关系，对于帮助用户确定方位，区分空间功能具有影响作用的评价指标

4.2 问卷设计与调查实施

4.2.1 问卷调查的目的

高速列车室内照明环境调查是探寻和认识乘客对列车室内照明光环境生理感受与心理感受的有效方法。高速列车室内照明环境调查，除了对旅客本身进行调查外，还应该对列车室内布局与线路运行途经环境状况，以及现阶段相应的科学技术发展状况进行调查。其目的不仅仅是调查和寻找出真实准确的照明物理参数值和相关的影响因素，更重要的是满足旅客乘车照明环境的生理需求与心理需求，为车辆制造在照明方面的设计提供适当的决策。系统化地收集和整理出旅客在高速列车照明环境下的相关感受信息，并分析研究列车在不同地域运行环境和影响列车室内照明环境的其他环境因素，为发现和认识乘坐旅客照明需求的心理倾向和思维方式提供参考依据，进而寻求高速列车室内照明环境设计的方向，为高速列车制定合适的照明模式、舒适的照明环境布局，通过乘客对自我生理感受与心理感受的评价，结合相应的物理参数实测，提出改善列车照明环境可以参考的设计方案，供设计决策层参考和决策。

4.2.2 问卷的设计思路

4.2.2.1 问卷设计的切入点

问卷主要是为了了解乘客对现阶段高速列车室内照明环境的感受和看法，同时记录和观察被调查者的背景信息和行为方式。问卷设计之初综合考虑了调查的目的、问题相关内容和被测群体的构成与数量，在题目量化和结构框架上做了系统和详细的研究。问卷的设计满足了代表性、实用性和适度区分度的要求。

4.2.2.2 问卷调查的难点

问卷调查是调查者与被调查者密切合作的过程，在设计问卷时，需要考虑一些可能出现的困难因素。由于每个人的受教育程度不同和生活环境不同，因此有的被调查者会因为自身的原因放弃问卷的填写或不能准确地填写，使问卷回收率降低，也使资料的真实性受到一定的影响。在设计问卷时提出的调查问题需要做到语言通俗易懂、简单明了，使被调查者容易看懂和理解问卷的内容和具体要求。

4.2.2.3 问卷采用的形式

由于需要通过问卷调查来了解和认识乘客对高速列车室内照明环境的生理与心理感受，因此问卷通过语义差异量表的形式来进行设计。"语义差异量表主要应用于环境内涵的研究，表示环境的意义与主观感觉的联系。提出这个方法的Osgood指出：大多数环境的知觉可以用主观意义上的三个维——评价、潜能和活动来说明。这种量表是由一对反义的形容词和一个奇数的量表组成，用来测量人们对某一特定概念或事物的不同意识和感受。这种量表既能说明评价的情感倾向，也能表示出相应的程度，较之其他方法更准确。"[①] 语义差异量表构建的基本步骤如下：

---

① 杨公侠. 视觉与视觉环境[M]. 上海. 同济大学出版社，2002：144.

（1）收集与照明环境相关的概念词组，并通过收集和整理将物理参数的学术性词组和专有名词转化为大众易于理解的词组和形容词对。从分析出的大量可理解性词组和形容词对（50~60）中，提取调查所需要使用的合适语义词对。

（2）选择部分被调查者对调查项目进行预测试，要求被调查者指出每个项目的感受倾向，通过相反的形容词对来表达，并在相应调查项目的程度选项中进行选择，从而既得出其感受倾向又得出该倾向的相应程度。

（3）量表的记分为-3、-2、-1、0、+1、+2、+3分，每一对陈述或形容词对的记分方向要依据整个量表的记分方向来决定。

（4）计算被调查者在每一个单纯的陈述中的平均分。先将表格中的陈述或形容词对按所测的维度分成若干个小组（一级因素），然后再计算出在这些小组的总平均分，并比较它们之间的区别。将对于不同评价的对象或概念（二级因素）在各陈述或形容词对上的评分进行比较。

4.2.3 问卷的设计流程

4.2.3.1 摸底工作

在问卷设计之初先进行整体情况摸底，了解中国现有正在运行的高速列车型号、类型和车内布局，掌握这些列车途经的相关地域的自然地貌和气候状况，了解一些熟悉列车室内照明环境基本情况的相关人员，如乘务员、照明制造厂商、车辆工程研究人员、旅客等。针对高速列车室内照明环境研究，通过轻松、自然、随和的交谈方式，与各种类型的对象进行交流，避免在设计问卷时出现一些含糊不清的问题。

4.2.3.2 框架构成

首先，根据研究所需要的资料内容，罗列出与列车室内照明环境相关部分的概念和参数语句。其次，具体分析出每一部分中的一级因素和二级因素，并建立这些问题之间的顺序。再次，对所有问题项目进行检查、调配和补充；最后，将调整的结果形成调查问卷初稿。表4-2是问卷设计的内容框架。

表4-2 中国高速列车室内照明环境乘客感受问卷调查框架

编号	一级因素	二级因素	相关解释
1	列车环境的总印象	车厢内视觉清晰度（照度）	朦胧程度
		心理感受评价性	朴实程度
		生理感受评价性	杂乱程度
		空间感受评价性（空间）	局促程度
2	乘客辨认本问卷上"小四字号"	辨认清晰度（照度）	模糊程度
		辨认干扰度（眩光）	眩光程度
3	本节车厢灯光照明视觉感受	车厢内照明视觉清晰度（照度）	暗淡程度
		心理感受评价性	容易疲劳程度
		生理感受评价性（均匀度）	光照不均匀程度
		人脸识别交流性（照度）	面部模糊程度
		乘客交流沟通性	孤僻程度
		身心感受评价性（光温）	光温冷暖程度
4	车厢顶棚和墙体视觉感受	视觉照度适应性（亮度）	刺眼程度
		表面质感保真性（反射系数）	质感含糊程度
5	灯具自身因素	布局的可接受性（空间）	布局方式接受程度
		心理感受评价性	传统程度
		外观感受赏鉴性（灯具形式）	装饰程度
6	卫生间照明感受因素	生理感受评价性（照度）	昏暗程度
		心理感受评价性（空间）	狭长程度
7	洗脸室照明感受因素	视觉干扰性（眩光）	眩光程度
		视觉可识别性（照度）	暗淡程度
8	通过台（车厢连接区）照明感受因素	视觉可识别性（照度）	昏暗程度
9	过道照明感受因素	视觉清晰度（照度）	模糊程度
		心理感受评价性	不安全程度
10	小桌板局部照明感受因素	心理感受评价性1	侵犯程度
		心理感受评价性2	私密程度
11	看液晶屏电视感受因素	视觉干扰性（眩光）	眩光程度
12	进出不同车厢感受因素	视觉适应性（明暗适应）	眼睛适应程度
13	列车进出隧道时内外光线差异突然变化因素	视觉疲劳适应性（明暗适应）	眼睛疲劳适应程度

续表4-2

编号	一级因素	二级因素	相关解释
14	乘客基本信息	性别	男、女
		年龄	20岁以下、20~30岁、31~40岁、41~50岁、51~60岁、60岁以上
		学历	初中及以下、高中及中专、大专及本科、硕士、博士
15	乘客乘车信息	乘车经验时间	20小时以下、20~40小时、40~60小时、60小时以上
		高速列车乘坐经历	一等座车、二等座车、软卧车、豪华软卧车、VIP座席、餐车
		阅读读物	报纸、杂志、专业书籍、不阅读任何读物
		照明氛围心理学感受	豪华高贵、清新宁静、热烈欢快、阴郁气氛、加工车间气氛
		车厢内照明在不同时段光色变化需求度	不需要、无所谓、需要
		视觉集中点因素（视觉集中点）	睁眼后视野中被吸引的事物

4.2.3.3 初稿设计

问卷调查框架中列出了15个一级因素，分别是对列车环境的总印象、乘客辨认本问卷上"小四字号"感受、本节车厢灯光照明视觉感受、车厢顶棚和墙体视觉感受、灯具自身因素、卫生间照明感受因素、洗脸室照明感受因素、通过台（车厢连接区）照明感受因素、过道照明感受因素、小桌板局部照明感受因素、看液晶屏电视感受因素、进出不同车厢感受因素、列车进出隧道时内外光线差异突然变化因素、乘客基本信息和乘客乘车信息。通过专家访谈和用户访谈对问卷的全面性进行检验。访谈专家来自北车集团长春客车车辆厂中从事机车设计与制造的高级工程师2名，中国兰普电器有限公司技术部经理1名，西南交通大学研究"中国高速列车关键技术研究及装备研制"项目和工业设计学科领域的教授3名，以及和谐号动车组D358次列车上的用户3名。根据问卷框架内容提出的问题项目，请专家和用户进行了指导和修正，主要针对问卷的框架效度、内容效度、交流效度和分析效度四个方面进行。

为保证交流效度，专家建议在问卷设计时要尽量采用通俗易懂的简短陈述句，语言口语化，方便被调查者能够轻松理解题意，同时在量表的陈述或形容词对上要进行前期提炼和整理，将照明环境相关的专业术语恰当地转换为大众易懂的词语，从被调查者的角度来进行问卷设计。问卷设计吸取了专家和用户的建议和指导，对不合理的问题进行了改进。

4.2.4 效度分析

4.2.4.1 框架效度分析

问卷设计的框架效度主要是考虑因素是否完整和真实。因素的完善和检验需要通过专家用户来完成，笔者于2010年4月访谈了北车集团长春客车车辆厂中从事机车设计与制造的高级工程师2名，中国兰普电器有限公司技术部经理1名，西南交通大学研究"中国高速列车关键技术研究及装备研制"项目和工业设计学科领域的教授3名，访谈时间为1小时左右。从他们那里得到关于照明灯具本身的性能比较、功能价值、照明参数相关概念和原理，这些信息他们比较熟悉，访谈他们是合适的，而对于审美角度和使用感受从他们那里是难以询问得到的。为了能得到完整的框架效度，采取的办法有：

收集灯具照明的相关资料，特别是列车用灯具，了解其基本照明术语、工作原理、主要部件、制作工艺。以便在和专家用户进行交流时，可以理解他们所说的内容，对他们的回答保持敏锐感，进而可以追问。比如中国兰普电器有限公司技术部经理说到LED（Light Emitting Diode）灯具主要通过其底部的铝板进行散热，其后部涂有导热硅胶，而笔者意识到灯罩与灯具底部的散热间距应该有一定的科学尺寸限制，笔者就追问其间距一般为多少，从而得知LED灯罩距灯具后底板一般为20～30 mm。

访谈北车集团长春客车车辆厂中从事机车设计与制造的高级工程师。被访谈者长期从事一线机车车辆设计与制造工作，保证了被调查者接触的车型和照明灯具最新且全面。

访谈西南交通大学研究"中国高速列车关键技术研究及装备研制"项目和工业设计学科领域的教授。对于不同的教授专家考虑的照明环境设计和制造的策略不同，引发了对高速列车室内照明环境不同方面的关注，可以在更广的范围内去寻找因素。

通过询问和观察乘客在高速列车室内照明环境下的反映，补充相关因素。乘客及使用者更多的是考虑自身的感官和情感体会，而设计制造者则往往从照明物理参数和行业标准来思考照明环境。

4.2.4.2 内容效度分析

问卷设计的内容效度，是指每个一级因素下的题目全不全，可不可以反映该因素。可以从以下方面来获得内容效度：

在访谈阶段时，每一个问题项目由浅入深询问，为了使被访者愿意配合访谈，并不强迫形成一问一答的局面，而是确保在访谈结束后所问问题能够回答出来。比如您所在单位是如何对一个照明灯具进行设计？在照明设计中主要考虑哪些参数的影响？高速列车照明环境中灯具设计有何特点？

把问题设计成中性的陈述句，让被调查者通过自身的亲身感受来选择所填问题项目，问卷采用语义差异量表，分设七个不同等级的评价度。在此过程中主要要将照明专业术语转化为大众可以很好理解的简单句子或词对，像"车厢顶棚和墙体视觉感受"因素这一条，在问的时候就问材质表面刺眼的程度，一般情况下由于大家经常接触照明产品都能理解（如光线很刺眼）。

最终问卷分为三个部分。第一部分为被调查者的相关基本信息，以便通过其自身生活背景的差异找出特点；第二部分的问题项目为乘客乘车的相关信息，主要考察乘客的使用经验程度，便于对专业用户的评估和分析；第三部分的问题项目，主要通过语义差异量表的方式，调查乘客对高速列车室内照明环境感受的主观评价。

4.2.4.3 交流效度分析

为了保证在填答问卷时被调查者愿意并且准确地回答问题，此次调查采取了面对面访谈填答的方式，态度真诚地向用户说明问卷调查的目的和选择被调查者填答的原因，消除被调查者的抵触心理。下面引用此次调查问卷填答前的介绍：

您好，为了解您对本节车厢照明环境感受的真实想法，由西南交通大学工业设计系与工业设计研究所的研究人员展开本次问卷调查。本次问卷采用匿名形式，填写它将占用您 5 分钟左右的时间，请您在以下问题中，做出您的评价（打√或者填写文字）。我们将根据您的评价进一步深入高速列车室内照明环境设计研究，因此您的意见越清晰，对我们改进设计越有帮助。真诚地感谢您的参与和支持，如果您有什么建议，我们会随时记录下来供以后修改用。

为了更好地交流和填答问卷，在选用描述照明环境的反义形容词对时，应根据实际情况决定。表4-3是一些描述照明环境的反义形容词对。

表4-3 描述照明环境的反义形容词对

量表特性	对应照明物理参数	反义形容词对	
代表照明环境清晰度的量表	（照度、视照度）	模糊的	清楚的
		昏暗的	明亮的
		面部模糊的	面部清楚的
		不朦胧	朦胧的
		难于识别	易于识别
代表宽敞感受的量表	（视觉空间）	局促的	宽敞的
		窄的	宽的
		短的	长的
		垂直的	水平的
		拥挤的	开阔的
代表评价性的量表		厌恶的	喜欢的
		杂乱的	整洁的
		丑陋的	美丽的
		单调的	有趣的
		不愉快的	愉快的
代表改善影响的量表	（色温、眩光、反射系数、明暗适应、均匀度、灯具布局方式）	冷的	暖的
		有眩光的	无眩光的
		无色彩的	色彩丰富的
		镜面的	非镜面的
		顶棚、墙面亮度刺眼	顶棚、墙面亮度不刺眼
		眼睛不适应的	眼睛适应的
		光照不均匀	光照均匀
		灯具布局方式不好	灯具布局方式好
代表心理感受的量表		限制的空间	自由的空间
		不安全的	安全的
		侵犯的	领域的
		公共的	私密的
		孤僻的	增进友谊的
		容易疲倦的	充满活力的

在相关的测量量表较多的时候，可根据相关量表的属性归类成几项一级因素，即在一个一级因素之下包含若干个语义差别量表，再通过得出的一级因素组合为相应环境的评价测量系统。这些一级因素是在选择量表的过程中形成的。

4.2.4.4 分析效度分析

分析效度要考虑的是运用什么方法分析得到的访谈信息和问卷信息，如何才能真实全面地表达出这些信息。通常运用逻辑推理、经验判断、验证总结的方法分析调查情况。

问卷采用语义差异量表的方式调查乘客的主观评价，对高速列车室内照明环境的各因素进行描述性统计，对二级因素间的关系进行比较，对影响高速列车室内照明环境的各一级因素进行排序，并对每个一级因素下的二级因素进行排序。主要使用SPSS（Statistical Product and Service Solutions）19.0 软件采用统计百分比的方式对数据进行分析。这样分析比较直观，易于看出被调查乘客对列车室内照明环境各类因素的主观评价程度。同时进行相应的信度分析、方差分析、因子分析，检验调查问卷的真实程度和有效程度，也检验调查结果的一致性和稳定性。

分析乘客对高速列车室内照明环境各项因素的需求和评价趋势。主要使用SPSS 19.0 软件采用统计百分比的方式对数据进行分析，统计出乘客对不同因素的评价程度，主要统计与照度、均匀度、眩光、反射系数等照明物理参数相关的主观评价指标，同时补充统计心理学评价指标。

4.2.5 信度分析

运用SPSS 19.0 软件对问卷调查的数据进行信度分析，是一种重要的问卷信度分析方法，以避免问卷调查中存在的误差因素影响和干扰，同时尽可能地排除问卷设计的缺陷，以保证列车室内照明环境感受评价度量结果的稳定性。将调查结果数据依据统计学中计算α值（Cronbach's Alpha值）的方法进行问卷信度分析。

信度计算首先将问题项目按照框架结构进行分类，计算相应的α值；然后删除阻碍α值升高的问题项目；最后直到删除问题项目后α值不再升高趋于稳定。α值如果偏低则说明问题项目之间的相关性小，也就是问题项目在描述和搭配方面可能存在一些问题，那些删除后可以使α值升高的问题项目就是需要考虑修正的问题项目。

采用问卷所调查的数据，利用SPSS 19.0 软件进行问卷信度分析，结果如表4-4、表4-5所示。

表4-4 问卷信度分析

编号	因子名称	问题项	Cronbach's Alpha	
A	乘客基本信息	A01 性别	不适用	
		A02 年龄		
		A03 学历		
		A04 视力		
		A05 时间		
B	乘客乘车信息	B01_1 一等座车	不适用	
		B01_2 二等座车		
		B01_3 软卧车		
		B01_4 豪华软卧车		
		B01_5 VIP座席车		
		B01_6 餐车		
		B02 读物		
		B03 心理学感受		
		B04 光色变化		
		B05 第一件东西		
C	感受程度	C01_1 朦胧程度	可靠性统计量	
		C01_2 朴实程度		
		C01_3 杂乱程度	Cronbach's Alpha	项数
		C01_4 局促程度	0.943	29
		C02_1 模糊程度		
		C02_2 眩光程度		
		C03_1 暗淡程度		
		C03_2 疲倦程度		
		C03_3 光均匀度		
		C03_4 面部模糊		
		C03_5 孤僻程度		
		C03_6 偏冷程度		
		C04_1 刺眼程度		
		C04_2 质感程度		
		C05_1 布置方式		

续表4-4

编号	因子名称	问题项	Cronbach's Alpha
		C05_2 传统程度	
		C05_3 装饰程度	
		C06_1 昏暗程度	
		C06_2 狭长程度	
		C07_1 眩光程度	
		C07_2 暗淡程度	
		C08 昏暗程度	
		C09_1 模糊程度	
		C09_2 安全程度	
		C10_1 侵犯程度	
		C10_2 公共程度	
		C11 眩光程度	
		C12 适应程度	
		C13 适应程度	

表4-5 C类项总计统计量分析

	已删除的刻度均值	已删除的刻度方差	校正的总计相关性	已删除的Cronbach's Alpha 值
列车环境的总印象统计分析1	21.25	766.191	0.561	0.941
列车环境的总印象统计分析2	21.82	779.348	0.353	0.943
列车环境的总印象统计分析3	20.83	763.655	0.573	0.941
列车环境的总印象统计分析4	21.09	767.296	0.554	0.941
乘客辨认本问卷上"小四字号"的生理感受1	20.29	774.091	0.500	0.942
乘客辨认本问卷上"小四字号"的生理感受2	20.44	780.425	0.375	0.943
乘客所在车厢灯光照明的生理感受1	21.47	753.408	0.658	0.940
乘客所在车厢灯光照明的生理感受1	22.08	755.308	0.614	0.940
乘客所在车厢灯光照明的生理感受2	21.20	756.576	0.649	0.940

续表4-5

	已删除的刻度均值	已删除的刻度方差	校正的总计相关性	已删除的Cronbach's Alpha值
乘客所在车厢灯光照明的生理感受3	21.08	751.170	0.730	0.939
乘客所在车厢灯光照明的心理感受2	21.60	757.595	0.579	0.941
乘客所在车厢灯光照明的心理感受3	21.48	763.762	0.552	0.941
车厢内顶棚和墙壁亮度的生理感受统计分析	20.84	763.956	0.627	0.940
车厢内顶棚和墙壁亮度的心理感受统计分析	21.24	760.637	0.658	0.940
灯具布局方式呈现的心理感受统计分析	21.29	754.601	0.650	0.940
灯具风格呈现的心理感受统计分析	21.54	766.780	0.486	0.942
灯具外观呈现的心理感受统计分析	21.84	767.270	0.450	0.942
卫生间照明感受的统计分析1	21.47	750.624	0.669	0.940
卫生间照明感受的统计分析2	22.04	752.567	0.666	0.940
洗脸室照明感受的统计分析1	21.61	755.769	0.644	0.940
洗脸室照明感受的统计分析2	21.67	754.223	0.602	0.940
通过台（车厢连接区）照明感受的统计分析	21.22	759.744	0.611	0.940
过道照明的生理感受的统计分析	21.13	746.660	0.761	0.939
过道照明的心理感受的统计分析	20.85	767.224	0.626	0.940
小桌板上照明的心理感受的统计分析1	21.44	761.994	0.567	0.941
小桌板上照明的心理感受的统计分析2	21.65	767.504	0.476	0.942
看液晶屏电视的生理感受的统计分析	21.48	755.840	0.638	0.940
进出不同车厢光线变化的生理感受的统计分析	21.31	748.785	0.676	0.940
进出隧道列车内外光线差异变化的生理感受的统计分析	21.48	758.546	0.507	0.942

"BrymanCramer（1997年）主张α值若在0.8以上，则表示该量表具有较高的信度。"[2] 从问卷可靠性分析（信度分析）结果可以看出，C类感受程度的Cronbach's Alpha值=0.919＞0.8的信度标准，说明问卷量表的信息良好，信度稳定。

4.3 调查数据分析与讨论

4.3.1 数据收集整理

为了使问卷调查更加的科学、规范和可行，调研方法确定为对国内某个高速列车运营区间乘坐中的旅客进行随车调查。然而，由于现阶段中国开通运营的高速列车区间线路不多，特别是长途运营的高速列车更少，全程运行时间较短。同时高速列车管理制度严格，使得问卷调查受到一定的限制，不能对全国所有线路进行调查和综合比较。按照中国高速列车室内照明环境研究的目的和要求，笔者最终于2011年7月，在成都—上海虹桥线路的CRH1E型动车组D358、D356次列车上对旅客展开了问卷调查，同时进行了部分乘客的访谈，收集了与列车室内照明环境相关的各种资料。问卷发放时间为列车发车5小时后，此时旅客对列车室内照明环境有了比较稳定和客观的感受。受时间和经费等条件的制约，发放调查问卷总计110份，回收问卷为106份，问卷回收率为96.4%。

问卷收集之后对其进行了鉴别和核对，将没有填写完、胡乱填写等错误问卷进行剔除，得到有效问卷103份，有效问卷回收率为93.6%，并对问卷调查的数据进行了整理和提取。最后通过SPSS 19.0软件对调查所获得的原始数据进行了科学的分类与汇总。

4.3.2 数据统计分析与讨论

4.3.2.1 相关统计概念解释

"频率也称相对频数（relative frequency），是指在重复试验或观测中变量的某个观测值出现的次数与总观测次数的比值。比例（proportion）是指总体中某部分的数量与总体数量的比值。百分比（percentage）也称百分数，是将比例数乘以100得到的数。"[3]

---

[2] 李乐山. 设计调查[M]. 北京. 中国建筑工业出版社，2007: 42.
[3] 杜智敏. 抽样调查与SPSS应用[M]. 北京. 电子工业出版社，2010: 15.

4.3.2.2 被调查者基本情况分析

对问卷样本进行描述性统计,可知:乘客性别比例为男58.3%、女41.7%,如表4-6、图4-1所示。乘客年龄层次以20~30岁的为主,这个年龄层次的人多为事业奋斗阶段,出差旅行是这个年龄层次的主要特点,如表4-7、图4-2所示。教育程度以大专、本科为主,如表4-8、图4-3所示。视力以近视为主占60.2%,如表4-9、图4-4所示。乘坐高速列车累计经验时间以20小时以下区间为主,同时20~40小时区间与60小时以上区间的也较多,如表4-10、图4-5所示。

表4-6 乘客性别的统计分析

		频率	百分比	有效百分比	累积百分比
有效	男	60	58.3	58.3	58.3
	女	43	41.7	41.7	100.0
	合计	103	100.0	100.0	

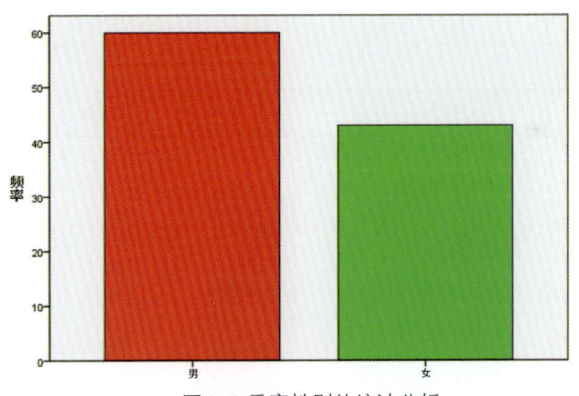

图4-1 乘客性别的统计分析

表4-7 乘客年龄层次的统计分析

		频率	百分比	有效百分比	累积百分比
有效	20岁以下	18	17.5	17.5	17.5
	20~30岁	52	50.5	50.5	68.0
	31~40岁	15	14.6	14.6	82.6
	41~50岁	10	9.7	9.7	92.3
	51~60岁	6	5.8	5.8	98.1
	60岁以上	2	1.9	1.9	100.0
	合计	103	100.0	100.0	

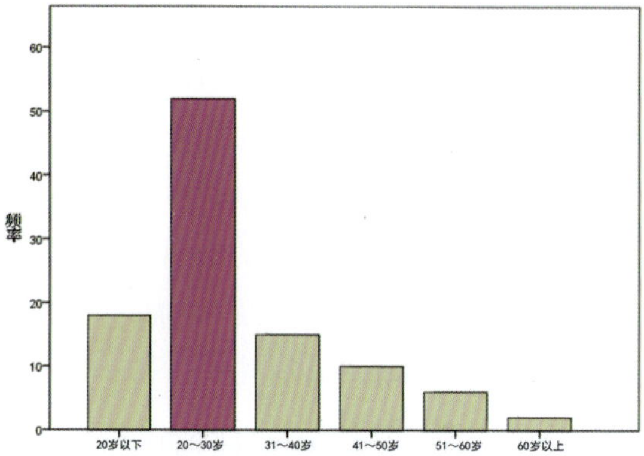

图4-2 乘客年龄层次的统计分析

表4-8 乘客学历水平的统计分析

		频率	百分比	有效百分比	累积百分比
有效	初中及以下	10	9.7	9.7	9.7
	高中及中专	17	16.6	16.6	26.3
	大专及本科	67	65.0	65.0	91.3
	硕士	9	8.7	8.7	100.0
	合计	103	100.0	100.0	

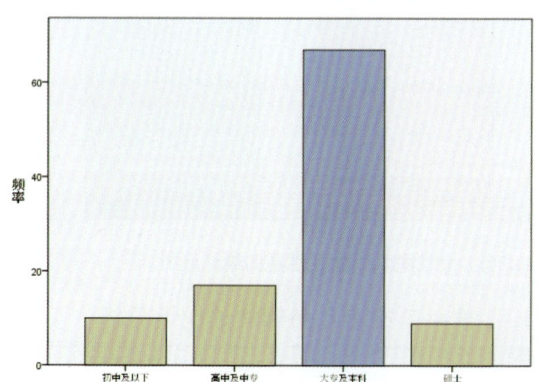

图4-3 乘客学历水平的统计分析

表4-9 乘客视力水平的统计分析

		频率	百分比	有效百分比	累积百分比
有效	正常	35	34.0	34.0	34.0
	近视	62	60.2	60.2	94.2
	老花	6	5.8	5.8	100.0
	合计	103	100.0	100.0	

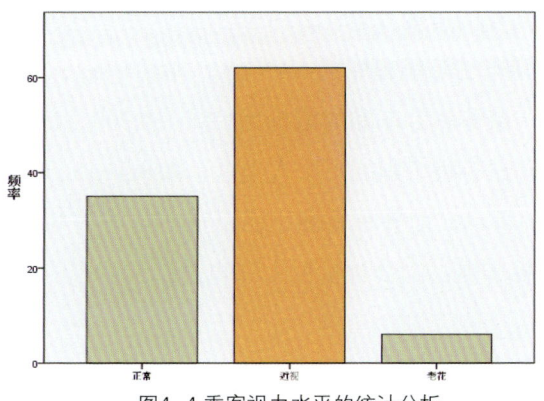

图4-4 乘客视力水平的统计分析

表4-10 乘客乘坐高速列车累计时间的统计分析

		频率	百分比	有效百分比	累积百分比
有效	20小时以下	53	51.4	51.4	51.4
	20～40小时	21	20.4	20.4	71.8
	40～60小时	7	6.8	6.8	78.6
	60小时以上	22	21.4	21.4	100.0
	合计	103	100.0	100.0	

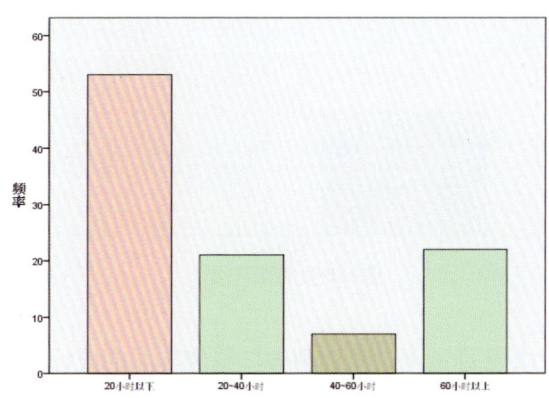

图4-5 乘客乘坐高速列车累计时间的统计分析

4.3.2.3 乘客乘车的相关信息分析

问卷第二部分是对一些无法用量表询问的问题项目，例如曾经乘坐过的高速列车车厢类型等为多选一类型的问题进行调查。发现乘客对基本乘车信息有如下感受：

曾经乘坐过高速列车一等座车厢的人数不到总调查人数的一半占29.1%，很大程度上是由于一等座车厢较二等座车厢票价高出30.0%～50.0%，如表4-11、图4-6

所示；作为乘坐高速列车的主要人群（20～30岁），更愿意选择高速列车二等座车厢，曾经乘坐过高速列车二等座车厢的占95.1%，如表4-12、图4-7所示；由于VIP座席车厢、软卧车厢、豪华软卧车厢的票价为1 200～2 200元，大大超出了现在中国大多数人的承受能力，只有极个别的几个人坐过，如表4-13、表4-14、表4-15、图4-8、图4-9、图4-10所示；而餐车车厢之所以很少人去，与中国乘客普遍自带方便食品有关，此外，餐车提供的食物价位太高也是乘客少去的重要因素之一，如表4-16、图4-11所示。

表4-11 曾经乘坐过高速列车一等座车厢的统计分析

		频率	百分比	有效百分比	累积百分比
有效	坐过	30	29.1	29.1	29.1
	没坐过	73	70.9	70.9	100.0
	合计	103	100.0	100.0	

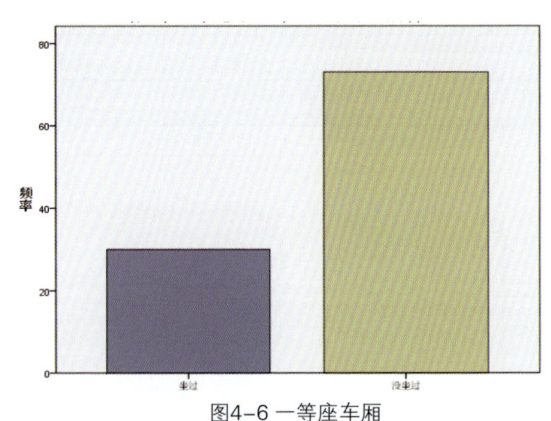

图4-6 一等座车厢

表4-12 曾经乘坐过高速列车二等座车厢的统计分析

		频率	百分比	有效百分比	累积百分比
有效	坐过	98	95.1	95.1	95.1
	没坐过	5	4.9	4.9	100.0
	合计	103	100.0	100.0	

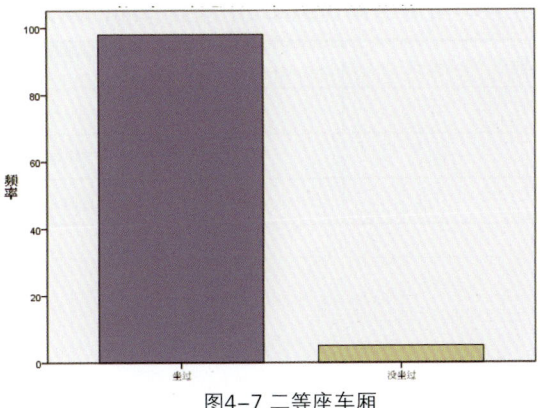

图4-7 二等座车厢

表4-13 曾经乘坐过高速列车软卧车厢的统计分析

		频率	百分比	有效百分比	累积百分比
有效	坐过	14	13.6	13.6	13.6
	没坐过	89	86.4	86.4	100.0
	合计	103	100.0	100.0	

表4-14 曾经乘坐过高速列车豪华软卧车厢的统计分析

		频率	百分比	有效百分比	累积百分比
有效	坐过	3	2.9	2.9	2.9
	没坐过	100	97.1	97.1	100.0
	合计	103	100.0	100.0	

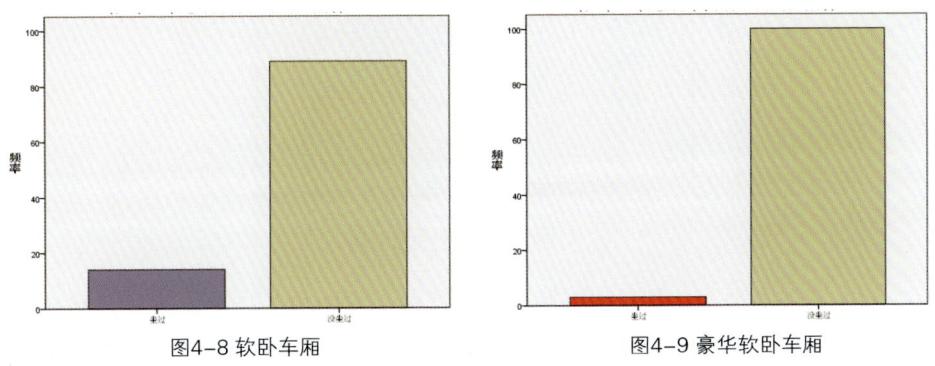

图4-8 软卧车厢　　　　　　　图4-9 豪华软卧车厢

表4-15 曾经乘坐过高速列车VIP座席车厢的统计分析

		频率	百分比	有效百分比	累积百分比
有效	坐过	1	1.0	1.0	1.0
	没坐过	102	99.0	99.0	100.0
	合计	103	100.0	100.0	

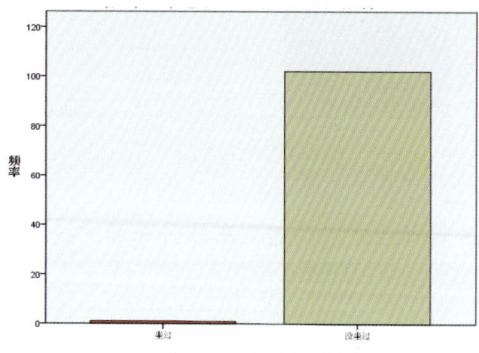

图4-10 VIP座席车厢

表4-16 曾经体验过高速列车餐车车厢的统计分析

		频率	百分比	有效百分比	累积百分比
有效	体验过	4	3.9	3.9	3.9
	没体验过	99	96.1	96.1	100.0
	合计	103	100.0	100.0	

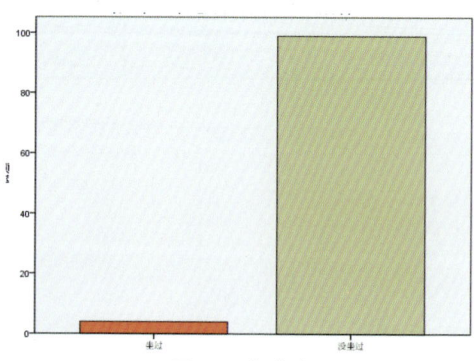

图4-11 餐车车厢

在问卷调查中乘客在高速列车照明环境下阅读读物的占67.0%，其中主要读物类型为杂志和报纸，而根据收集和调查得知这些读物多以"小四号"为主体字号，因此，在第三部分的量表中也考察了这一问题项目，并且对杂志和报纸等纸张表面的照明反射系数也进行了考察和研究。如表4-17、图4-12所示。

表4-17 乘客一般在车厢中阅读读物类型的统计分析

		频率	百分比	有效百分比	累积百分比
有效	报纸	18	17.5	17.5	17.5
	杂志	40	38.8	38.8	56.3
	专业书籍	11	10.7	10.7	67.0
	不阅读任何读物	34	33.0	33.0	100.0
	合计	103	100.0	100.0	

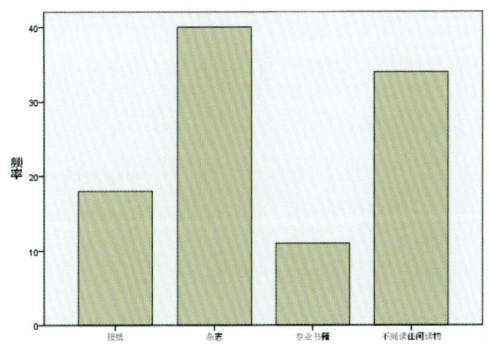

图4-12 乘客一般在车厢中阅读读物类型的统计分析

在问卷调查中乘客在高速列车照明环境下的心理学感受以清新宁静为主，占69.9%，这与列车室内的整个环境色调和照明色温有很大的关系，这也说明高速列车较之中低速列车在室内照明环境上有了很大的提高，改变了中国以往中低速列车犹如加工车间般的氛围。通过调查可知从心理学角度上看高速列车室内照明环境是积极的。如表4-18、图4-13所示。

表4-18 乘客所在车厢灯光照明环境心理学感受的统计分析

		频率	百分比	有效百分比	累积百分比
有效	豪华高贵	3	2.9	2.9	2.9
	清新宁静	72	69.9	69.9	72.8
	热烈欢快	12	11.7	11.7	84.5
	阴郁气氛	14	13.6	13.6	98.1
	加工车间的气氛	2	1.9	1.9	100.0
	合计	103	100.0	100.0	

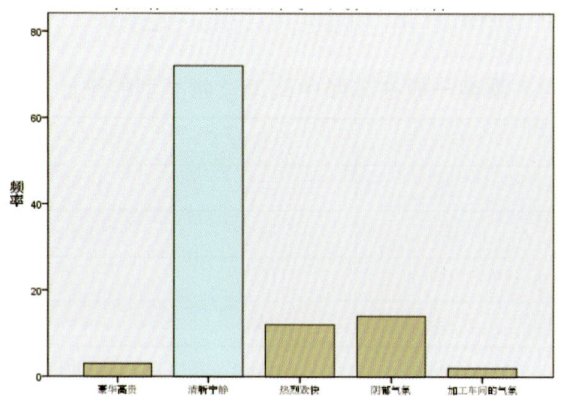

图4-13 乘客所在车厢灯光照明环境心理学感受的统计分析

为了考察乘客对未来照明环境的预测和期望，问卷提出了是否希望高速列车室内照明环境在清晨、中午、黄昏、夜晚有不同光色变化的问题项目。这一问题项目是人们追求的生活方式，是一个比较稳定的预期因素。在问卷调查中乘客认为需要的占50.5%，还有38.8%的人认为无所谓，也就是说大部分的人认为需要光色的变化来调节单调的旅行时间。如表4-19、图4-14所示。

表4-19 乘客是否希望车厢灯光照明有不同的光色变化的统计分析

		频率	百分比	有效百分比	累积百分比
有效	不需要	11	10.7	10.7	10.7
	无所谓	40	38.8	38.8	49.5
	需要	52	50.5	50.5	100.0
	合计	103	100.0	100.0	

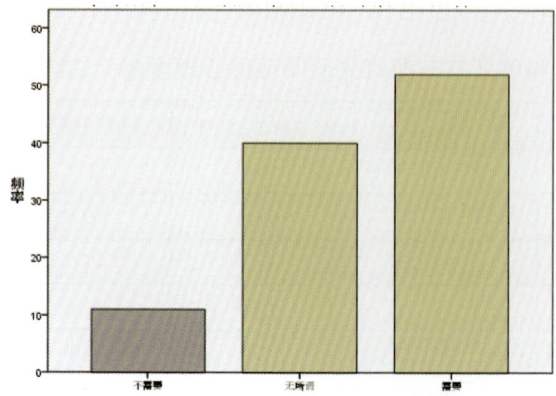

图4-14 乘客是否希望车厢灯光照明有不同光色变化的统计分析

为了考察列车室内照明环境的视觉集中点，得出车厢中除灯光外最吸引视觉的物品，在问卷中设置了10个问题项目进行调查。合适的视觉集中点使眼睛有一定的视觉暂留点，可以调节眼睛疲劳程度，而不恰当或存在多处视觉集中点则常常干扰眼睛正常视物，也增加了眼睛的疲劳程度。通过调查得知大多数乘客在闭眼1分钟后睁开眼睛，在列车室内照明环境下环视车厢一周，首先吸引他们视觉的物品是车厢端门上的电子显示器或液晶娱乐电视，可见这些能发光的物体对高速列车室内照明环境视觉集中点有一定的影响。

4.3.2.4 高速列车室内照明环境感受评价语义差异量表分析

问卷第三部分是乘客对列车室内照明环境生理感受与心理感受的评价，主要是通过语义差异量表的方式进行测量和分析。对这一部分的描述性统计分析如下：

对列车室内环境的总印象统计分析，通过描述性统计分析可知：列车室内环境总印象的二级因素中，87.4%的乘客认为列车室内环境视觉清晰度不朦胧或适中；77.7%的乘客在对列车室内环境心理感受评价时认为华丽或适中；88.3%的乘客对列车室内环境生理感受评价时认为整洁或适中；89.3%的乘客对列车室内环境空间感受评价时认为相对宽敞或适中。研究结果表明，在一级因素列车室内环境总印象中，乘客的主观感受评价是积极的。如表4-20、表4-21、表4-22、表4-23、图4-15所示。

表4-20 列车环境的总印象统计分析1

		频率	百分比	有效百分比	累积百分比
有效	朦胧程度-3	4	3.9	3.9	3.9
	朦胧程度-2	1	1.0	1.0	4.9
	朦胧程度-1	8	7.8	7.8	12.6
	既不感到朦胧也不感到不朦胧0	33	32.0	32.0	44.7
	不朦胧程度1	23	22.3	22.3	67.0
	不朦胧程度2	16	15.5	15.5	82.5
	不朦胧程度3	18	17.5	17.5	100.0
	合计	103	100.0	100.0	

表4-21 列车环境的总印象统计分析2

		频率	百分比	有效百分比	累积百分比
有效	朴实的程度-3	10	9.7	9.7	9.7
	朴实的程度-2	6	5.8	5.8	15.5
	朴实的程度-1	7	6.8	6.8	22.3
	中间程度0	34	33.0	33.0	55.3
	华丽的程度1	24	23.3	23.3	78.6
	华丽的程度2	12	11.7	11.7	90.3
	华丽的程度3	10	9.7	9.7	100.0
	合计	103	100.0	100.0	

表4-22 列车环境的总印象统计分析3

		频率	百分比	有效百分比	累积百分比
有效	杂乱程度-3	1	1.0	1.0	1.0
	杂乱程度-2	4	3.9	3.9	4.9
	杂乱程度-1	7	6.8	6.8	11.7
	中间程度0	25	24.3	24.3	35.9
	整洁程度1	12	11.7	11.7	47.6
	整洁程度2	25	24.3	24.3	71.8
	整洁程度3	29	28.2	28.2	100.0
	合计	103	100.0	100.0	

表4-23 列车环境的总印象统计分析4

		频率	百分比	有效百分比	累积百分比
有效	局促程度-3	2	1.9	1.9	1.9
	局促程度-2	3	2.9	2.9	4.9
	局促程度-1	6	5.8	5.8	10.7
	中间程度0	29	28.2	28.2	38.8
	宽敞程度1	28	27.2	27.2	66.0
	宽敞程度2	11	10.7	10.7	76.7
	宽敞程度3	24	23.3	23.3	100.0
	合计	103	100.0	100.0	

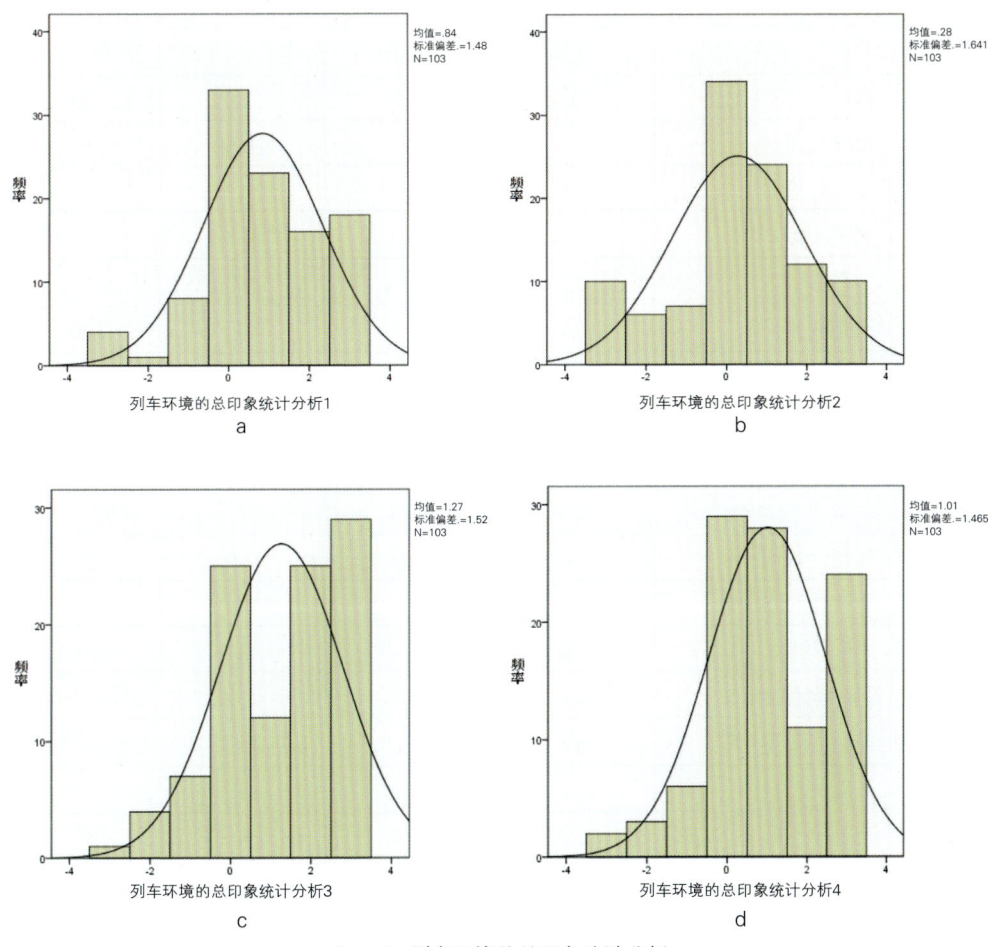

图4-15 列车环境的总印象统计分析

对乘客辨认本问卷上"小四号"文字感受评价的统计分析，通过描述性统计分析可知：92.2%的乘客对本问卷上"小四号"文字的辨认清晰度认为清楚或适中，其中44.7%的乘客选择了+3这一正方向极值，表明列车室内照明照度满足乘客阅读需要；对问卷阅读干扰度的考察中有93.2%的乘客认为无眩光干扰或适中，其中42.7%的乘客选择了+3这一正方向极值，与这一一级因素下的另一二级因素（辨认清晰度）相关程度密切。研究结果表明，在一级因素乘客辨认本问卷上"小四号"文字感受评价中，乘客的主观感受评价较好。如表4-24、表4-25、图4-16所示。

表4-24 乘客辨认本问卷上"小四号"的生理感受1

		频率	百分比	有效百分比	累积百分比
有效	模糊程度-3	1	1.0	1.0	1.0
	模糊程度-1	7	6.8	6.8	7.8
	中间程度0	12	11.7	11.7	19.4
	清楚程度1	16	15.5	15.5	35.0
	清楚程度2	21	20.4	20.4	55.3
	清楚程度3	46	44.7	44.7	100.0
	合计	103	100.0	100.0	

表4-25 乘客辨认本问卷上"小四号"的生理感受2

		频率	百分比	有效百分比	累积百分比
有效	有眩光程度-3	3	2.9	2.9	2.9
	有眩光程度-1	4	3.9	3.9	6.8
	中间程度0	19	18.4	18.4	25.2
	无眩光程度1	14	13.6	13.6	38.8
	无眩光程度2	19	18.4	18.4	57.3
	无眩光程度3	44	42.7	42.7	100.0
	合计	103	100.0	100.0	

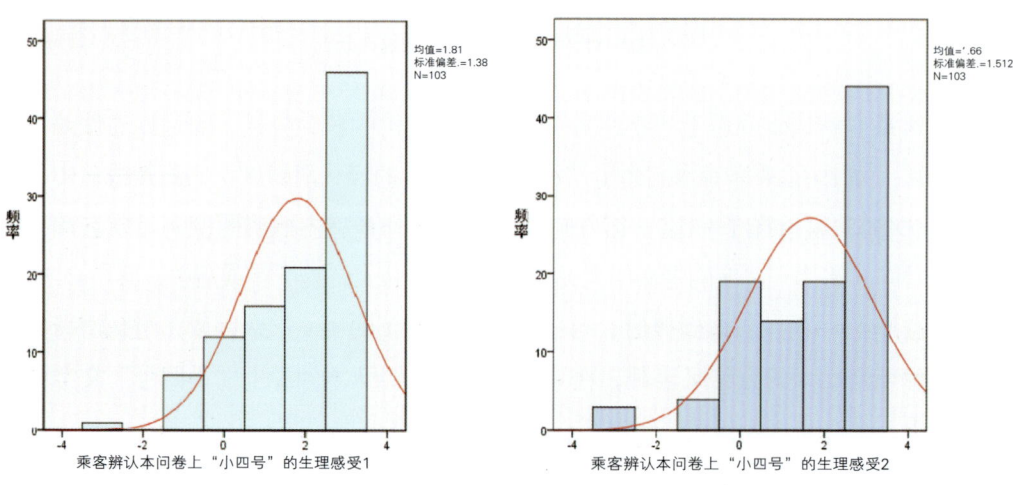

a   b

图4-16 乘客辨认本问卷上"小四号"的生理感受

对乘客在本节车厢灯光照明感受评价的统计分析，通过描述性统计分析可知：77.7%的乘客对本节车厢室内照明清晰度的感受是较为明亮或适中；84.5%的乘客对本节车厢室内照明均匀度的主观感受为均匀或适中，中间值0的比例占到最多，说明现有高速列车室内照明环境的均匀度是比较好的；86.4%的乘客对在高速列车室内照明环境下的人脸面部识别较为满意，该量表主要考察乘客在交流时的可识别性；在对乘客所在车厢灯光照明的心理感受评价时，有31.1%的乘客选择了存在疲倦感、33.0%的乘客选择了适中；在对乘客所在车厢灯光照明的交流沟通性心理感受评价时，有79.6%的乘客认为是可以增进彼此友谊和交流的；在对所在车厢灯光照明的色温感受评价时，53.4%的乘客主观感觉为偏暖，22.3%的乘客主观感觉为中性色温。如表4-26、表4-27、表4-28、表4-29、表4-30、表4-31、图4-17所示。

表4-26 乘客所在车厢灯光照明的生理感受1

		频率	百分比	有效百分比	累积百分比
有效	暗淡的程度-3	5	4.9	4.9	4.9
	暗淡的程度-2	5	4.9	4.9	9.7
	暗淡的程度-1	13	12.6	12.6	22.3
	中间程度0	24	23.3	23.3	45.6
	明亮的程度1	25	24.3	24.3	69.9
	明亮的程度2	15	14.6	14.6	84.5
	明亮的程度3	16	15.5	15.5	100.0
	合计	103	100.0	100.0	

表4-27 乘客所在车厢灯光照明的生理感受2

		频率	百分比	有效百分比	累积百分比
有效	光照不均匀程度-3	3	2.9	2.9	2.9
	光照不均匀程度-2	3	2.9	2.9	5.8
	光照不均匀程度-1	10	9.7	9.7	15.5
	中间程度0	29	28.2	28.2	43.7
	光照均匀程度1	21	20.4	20.4	64.1
	光照均匀程度2	15	14.6	14.6	78.6
	光照均匀程度3	22	21.4	21.4	100.0
	合计	103	100.0	100.0	

表4-28 乘客所在车厢灯光照明的生理感受3

		频率	百分比	有效百分比	累积百分比
有效	面部模糊的程度-3	2	1.9	1.9	1.9
	面部模糊的程度-2	1	1.0	1.0	2.9
	面部模糊的程度-1	11	10.7	10.7	13.6
	中间程度0	30	29.1	29.1	42.7
	面部清楚的程度1	22	21.4	21.4	64.1
	面部清楚的程度2	9	8.7	8.7	72.8
	面部清楚的程度3	28	27.2	27.2	100.0
	合计	103	100.0	100.0	

表4-29 乘客所在车厢灯光照明的心理感受1

		频率	百分比	有效百分比	累积百分比
有效	容易疲倦的程度-3	10	9.7	9.7	9.7
	容易疲倦的程度-2	10	9.7	9.7	19.4
	容易疲倦的程度-1	12	11.7	11.7	31.1
	中间程度0	34	33.0	33.0	64.1
	充满活力的程度1	22	21.4	21.4	85.4
	充满活力的程度2	3	2.9	2.9	88.3
	充满活力的程度3	12	11.7	11.7	100.0
	合计	103	100.0	100.0	

表4-30 乘客所在车厢灯光照明的心理感受2

		频率	百分比	有效百分比	累积百分比
有效	孤僻的程度-3	9	8.7	8.7	8.7
	孤僻的程度-2	2	1.9	1.9	10.7
	孤僻的程度-1	10	9.7	9.7	20.4
	中间程度0	35	34.0	34.0	54.4
	增进友谊的程度1	20	19.4	19.4	73.8
	增进友谊的程度2	9	8.7	8.7	82.5
	增进友谊的程度3	18	17.5	17.5	100.0
	合计	103	100.0	100.0	

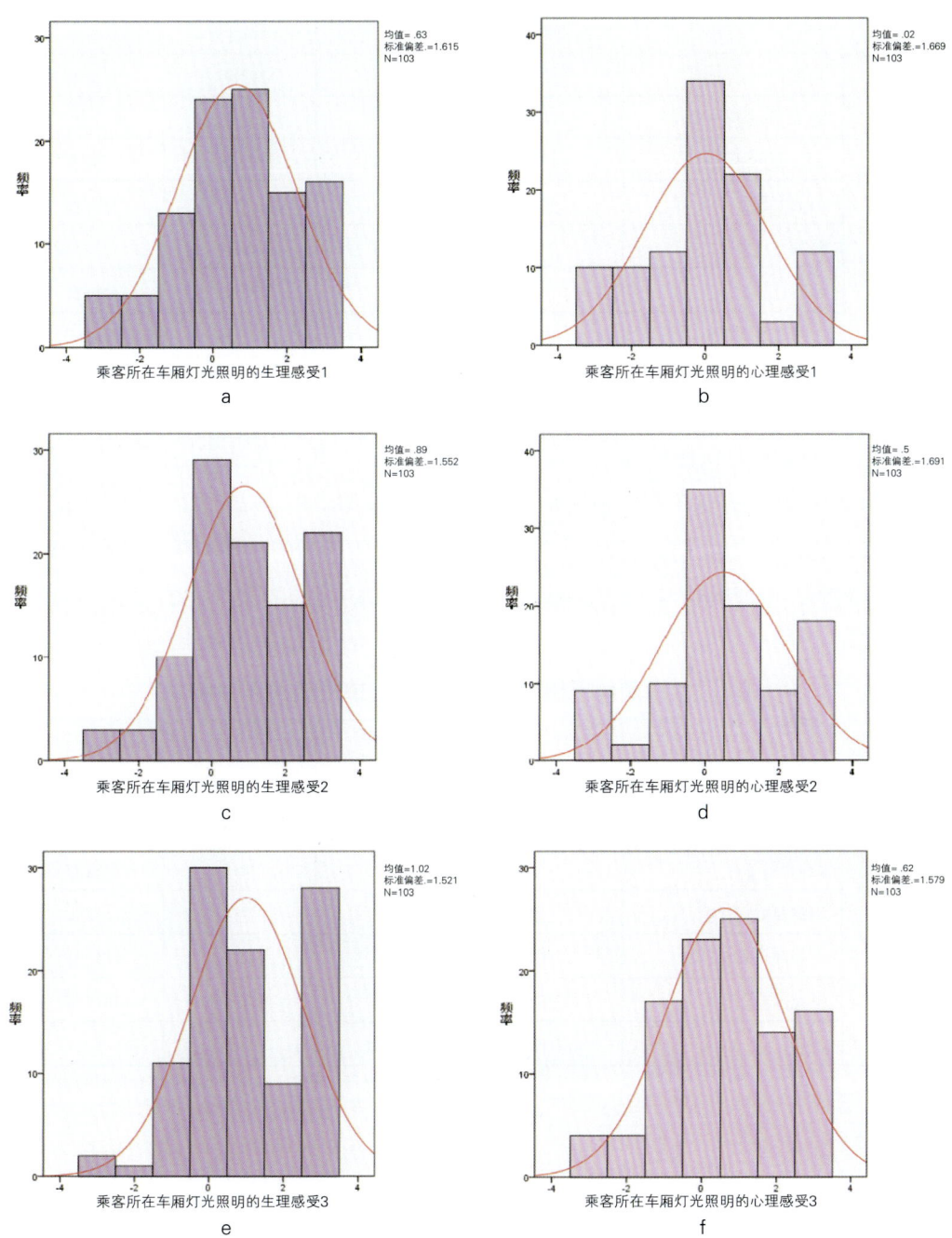

图4-17 乘客所在车厢灯光照明的感受分析

表4-31 乘客所在车厢灯光照明的心理感受3

		频率	百分比	有效百分比	累积百分比
有效	偏冷的程度-3	4	3.9	3.9	3.9
	偏冷的程度-2	4	3.9	3.9	7.8
	偏冷的程度-1	17	16.5	16.5	24.3
	中间程度0	23	22.3	22.3	46.6
	偏暖的程度1	25	24.3	24.3	70.9
	偏暖的程度2	14	13.6	13.6	84.5
	偏暖的程度3	16	15.5	15.5	100.0
	合计	103	100.0	100.0	

乘客对车厢内顶棚和墙壁亮度的主观感受统计分析。通过描述性统计分析可知：94.2%的乘客感觉车厢内顶棚和墙壁的亮度不刺眼；85.4%的乘客认为车厢内顶棚和墙壁的材质质感保真度较好。通过对比这个二级因素的生理感受评价和心理感受评价表明，生理感受与心理感受评价正态曲线基本一致。如表4-32、表4-33、图4-18所示。

表4-32 车厢内顶棚和墙壁亮度的生理感受统计分析

		频率	百分比	有效百分比	累积百分比
有效	刺眼程度-3	2	1.9	1.9	1.9
	刺眼程度-1	4	3.9	3.9	5.8
	中间程度0	30	29.1	29.1	35.0
	不刺眼程度1	23	22.3	22.3	57.3
	不刺眼程度2	16	15.5	15.5	72.8
	不刺眼程度3	28	27.2	27.2	100.0
	合计	103	100.0	100.0	

表4-33 车厢内顶棚和墙壁亮度的心理感受统计分析

		频率	百分比	有效百分比	累积百分比
有效	质感含糊程度-3	2	1.9	1.9	1.9
	质感含糊程度-2	2	1.9	1.9	3.9
	质感含糊程度-1	11	10.7	10.7	14.6
	中间程度0	29	28.2	28.2	42.7
	质感明显程度1	27	26.2	26.2	68.9
	质感明显程度2	14	13.6	13.6	82.5
	质感明显程度3	18	17.5	17.5	100.0
	合计	103	100.0	100.0	

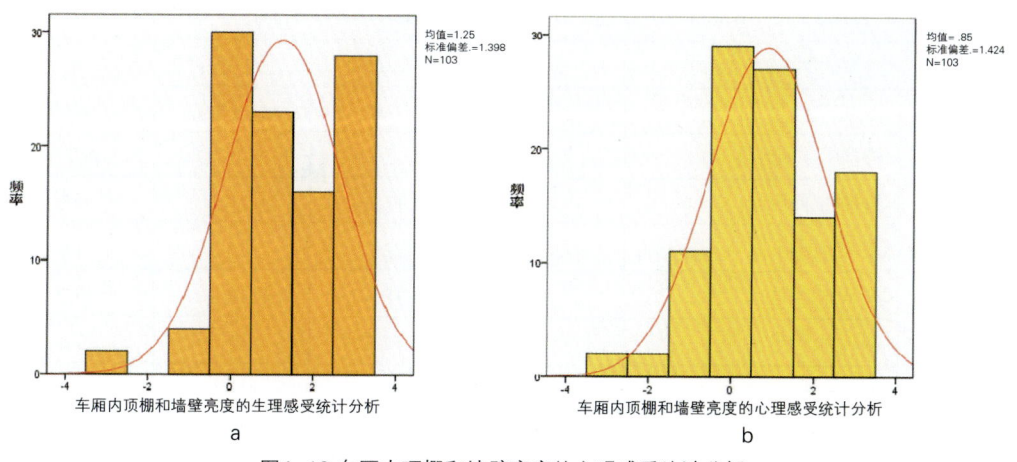

图4-18 车厢内顶棚和墙壁亮度的主观感受统计分析

乘客对列车室内灯具布局方式、灯具风格、外观呈现的心理感受统计分析。通过描述性统计分析可知：31.1%的乘客对灯具布局方式选择了中间程度，23.3%的乘客对灯具风格呈现选择了适中程度，35.0%的乘客对灯具外观的呈现选择了适中程度，对比这三个二级因素的直方图正态曲线可以看出，乘客对灯具这个一级因素的感受都趋于适中程度的主观评价。如表4-34、表4-35、表4-36、图4-19所示。

表4-34 灯具布局方式呈现的心理感受统计分析

		频率	百分比	有效百分比	累积百分比
有效	布置方式不好的程度-3	4	3.9	3.9	3.9
	布置方式不好的程度-2	5	4.9	4.9	8.7
	布置方式不好的程度-1	7	6.8	6.8	15.5
	中间程度0	32	31.1	31.1	46.6
	布置方式好的程度1	18	17.5	17.5	64.1
	布置方式好的程度2	17	16.5	16.5	80.6
	布置方式好的程度3	20	19.4	19.4	100.0
	合计	103	100.0	100.0	

表4-35 灯具风格呈现的心理感受统计分析

		频率	百分比	有效百分比	累积百分比
有效	传统的程度-3	7	6.8	6.8	6.8
	传统的程度-2	2	1.9	1.9	8.7
	传统的程度-1	18	17.5	17.5	26.2
	中间程度0	24	23.3	23.3	49.5
	现代的程度1	19	18.4	18.4	68.0
	现代的程度2	18	17.5	17.5	85.4
	现代的程度3	15	14.6	14.6	100.0
	合计	103	100.0	100.0	

表4-36 灯具外观呈现的心理感受统计分析

		频率	百分比	有效百分比	累积百分比
有效	没有装饰的程度-3	10	9.7	9.7	9.7
	没有装饰的程度-2	8	7.8	7.8	17.5
	没有装饰的程度-1	9	8.7	8.7	26.2
	中间程度0	36	35.0	35.0	61.2
	精美的程度1	14	13.6	13.6	74.8
	精美的程度2	11	10.7	10.7	85.4
	精美的程度3	15	14.6	14.6	100.0
	合计	103	100.0	100.0	

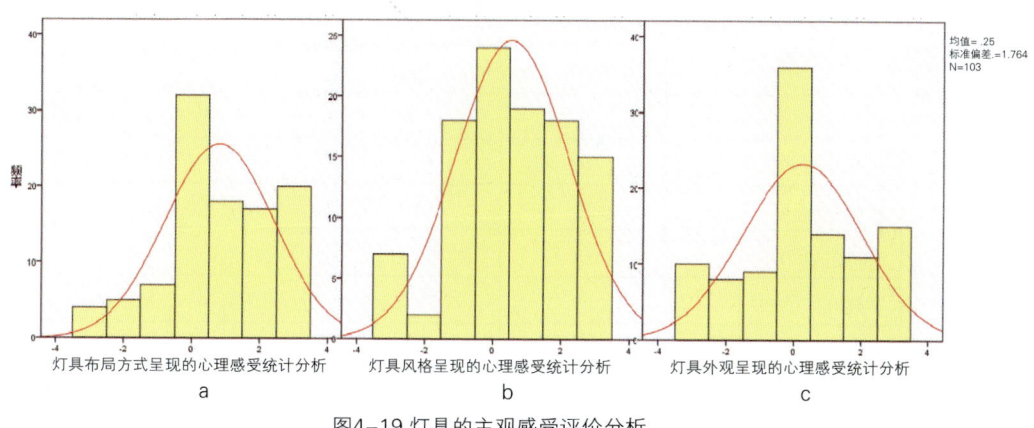

图4-19 灯具的主观感受评价分析

对乘客在列车卫生间的照明感受评价统计分析。通过描述性统计分析可知：在二级因素卫生间灯光照度感受评价中，-1、0和+1三个程度量的选择较高，分别占19.4%、22.3%和18.4%，这说明乘客对这个二级因素的评价存在一些差异，而卫生间照明空间感受这个二级因素也是这种趋势，说明卫生间照明感受这个一级因素的主观评价确实存在较大评价差异。如表4-37、表4-38、图4-20所示。

表4-37 卫生间照明感受的统计分析1

		频率	百分比	有效百分比	累积百分比
有效	昏暗的程度-3	4	3.9	3.9	3.9
	昏暗的程度-2	4	3.9	3.9	7.8
	昏暗的程度-1	20	19.4	19.4	27.2
	中间程度0	23	22.3	22.3	49.5
	明亮的程度1	19	18.4	18.4	68.0
	明亮的程度2	13	12.6	12.6	80.6
	明亮的程度3	20	19.4	19.4	100.0
	合计	103	100.0	100.0	

表4-38 卫生间照明感受的统计分析2

		频率	百分比	有效百分比	累积百分比
有效	狭长的程度-3	7	6.8	6.8	6.8
	狭长的程度-2	10	9.7	9.7	16.5
	狭长的程度-1	20	19.4	19.4	35.9
	中间程度0	28	27.2	27.2	63.1
	宽敞的程度1	19	18.4	18.4	81.6
	宽敞的程度2	9	8.7	8.7	90.3
	宽敞的程度3	10	9.7	9.7	100.0
	合计	103	100.0	100.0	

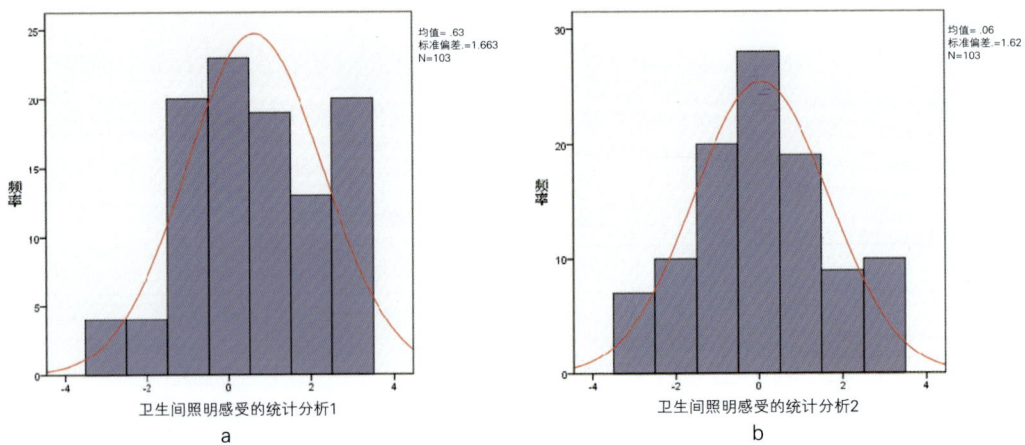

图4-20 卫生间照明感受的统计分析

对乘客在洗脸室照明感受评价的统计分析。通过描述性统计分析可知：32.0%的乘客对洗脸室照明的眩光程度感受选择了中间程度，24.3%的乘客对洗脸室照明的视觉可识别性（照度）选择了光线暗淡程度-1的评价。如表4-39、表4-40、图4-21所示。

表4-39 洗脸室照明感受的统计分析1

		频率	百分比	有效百分比	累积百分比
有效	有眩光程度-3	4	3.9	3.9	3.9
	有眩光程度-2	4	3.9	3.9	7.8
	有眩光程度-1	18	17.5	17.5	25.2
	中间程度0	33	32.0	32.0	57.3
	无眩光程度1	17	16.5	16.5	73.8
	无眩光程度2	10	9.7	9.7	83.5
	无眩光程度3	17	16.5	16.5	100.0
	合计	103	100.0	100.0	

表4-40 洗脸室照明感受的统计分析2

		频率	百分比	有效百分比	累积百分比
有效	暗淡的程度-3	4	3.9	3.9	3.9
	暗淡的程度-2	7	6.8	6.8	10.7
	暗淡的程度-1	25	24.3	24.3	35.0
	中间程度0	24	23.3	23.3	58.3
	明亮的程度1	9	8.7	8.7	67.0
	明亮的程度2	16	15.5	15.5	82.5
	明亮的程度3	18	17.5	17.5	100.0
	合计	103	100.0	100.0	

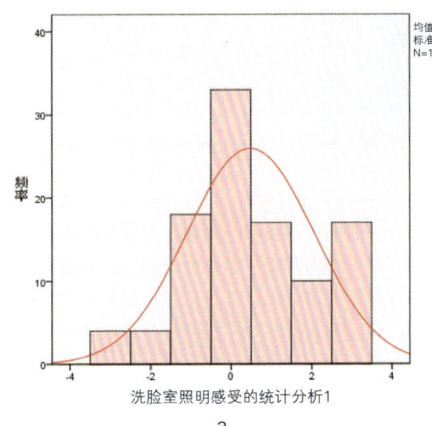
a

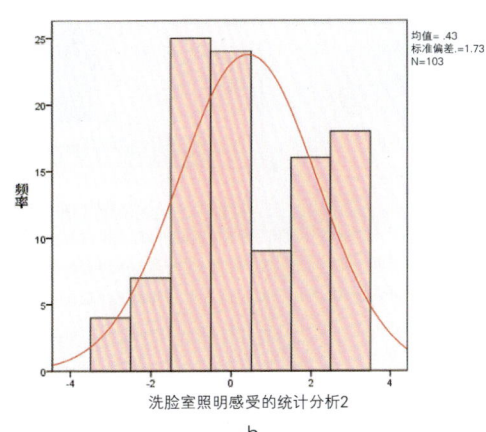
b

图4-21 洗脸室照明感受的统计分析

对乘客在列车通过台（车厢连接区）照明感受评价的统计分析。通过描述性统计分析可知：80.6%的乘客感觉为明亮或适中。研究结果表明，通过台照明对乘客的行动影响程度不大，基本能达到合适照明照度。如表4-41、图4-22所示。

表4-41 通过台（车厢连接区）照明感受的统计分析

		频率	百分比	有效百分比	累积百分比
有效	昏暗的程度-3	2	1.9	1.9	1.9
	昏暗的程度-2	3	2.9	2.9	4.9
	昏暗的程度-1	15	14.6	14.6	19.4
	中间程度0	26	25.2	25.2	44.7
	明亮的程度1	18	17.5	17.5	62.1
	明亮的程度2	18	17.5	17.5	79.6
	明亮的程度3	21	20.4	20.4	100.0
	合计	103	100.0	100.0	

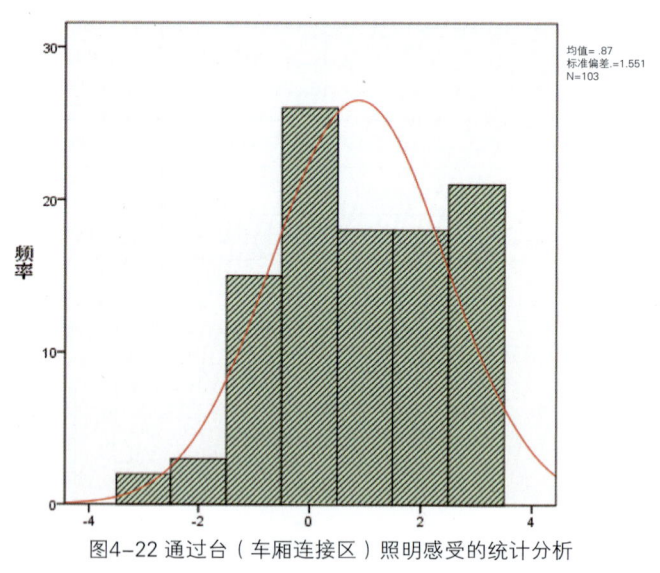

图4-22 通过台（车厢连接区）照明感受的统计分析

对乘客在列车过道照明感受评价的统计分析。通过描述性统计分析可知：27.2%的乘客对列车过道照明的照度评价为适中，还有24.3%的乘客选择清楚程度+3，表明列车过道照明照度得到了一定的保证；92.2%的乘客列车过道照明安全感的心理感受评价为安全或适中。如表4-42、表4-43、图4-23所示。

表4-42 过道照明的生理感受的统计分析

		频率	百分比	有效百分比	累积百分比
有效	模糊程度-3	2	1.9	1.9	1.9
	模糊程度-2	4	3.9	3.9	5.8
	模糊程度-1	10	9.7	9.7	15.5
	中间程度0	28	27.2	27.2	42.7
	清楚程度1	19	18.4	18.4	61.2
	清楚程度2	15	14.6	14.6	75.7
	清楚程度3	25	24.3	24.3	100.0
	合计	103	100.0	100.0	

表4-43 过道照明的心理感受的统计分析

		频率	百分比	有效百分比	累积百分比
有效	不安全程度-2	1	1.0	1.0	1.0
	不安全程度-1	7	6.8	6.8	7.8
	中间程度0	28	27.2	27.2	35.0
	安全程度1	20	19.4	19.4	54.4
	安全程度2	24	23.3	23.3	77.7
	安全程度3	23	22.3	22.3	100.0
	合计	103	100.0	100.0	

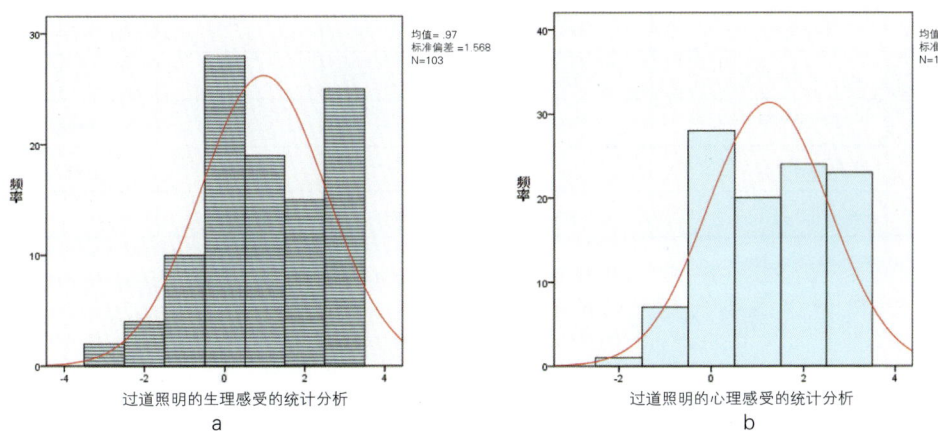

图4-23 过道照明的主观感受的统计分析

乘客对小桌板照明感受评价的统计分析。通过描述性统计分析可知：对小桌板照明领域感和私密感的心理评价各有32.0%的乘客感觉为适中，同时也有一小部分的乘客感觉较有领域感和私密感。研究结果表明，小桌板上的照明相互间的干扰较小，照度均匀度比较好，能形成一定的私密照明空间。如表4-44、表4-45、图4-24所示。

表4-44 小桌板上照明的心理感受的统计分析1

		频率	百分比	有效百分比	累积百分比
有效	侵犯的程度-3	4	3.9	3.9	3.9
	侵犯的程度-2	4	3.9	3.9	7.8
	侵犯的程度-1	12	11.7	11.7	19.4
	中间程度0	33	32.0	32.0	51.5
	领域的程度1	20	19.4	19.4	70.9
	领域的程度2	10	9.7	9.7	80.6
	领域的程度3	20	19.4	19.4	100.0
	合计	103	100.0	100.0	

表4-45 小桌板上照明的心理感受的统计分析2

		频率	百分比	有效百分比	累积百分比
有效	公共的程度-3	8	7.8	7.8	7.8
	公共的程度-2	5	4.9	4.9	12.6
	公共的程度-1	10	9.7	9.7	22.3
	中间程度0	33	32.0	32.0	54.4
	私密的程度1	18	17.5	17.5	71.8
	私密的程度2	15	14.6	14.6	86.4
	私密的程度3	14	13.6	13.6	100.0
	合计	103	100.0	100.0	

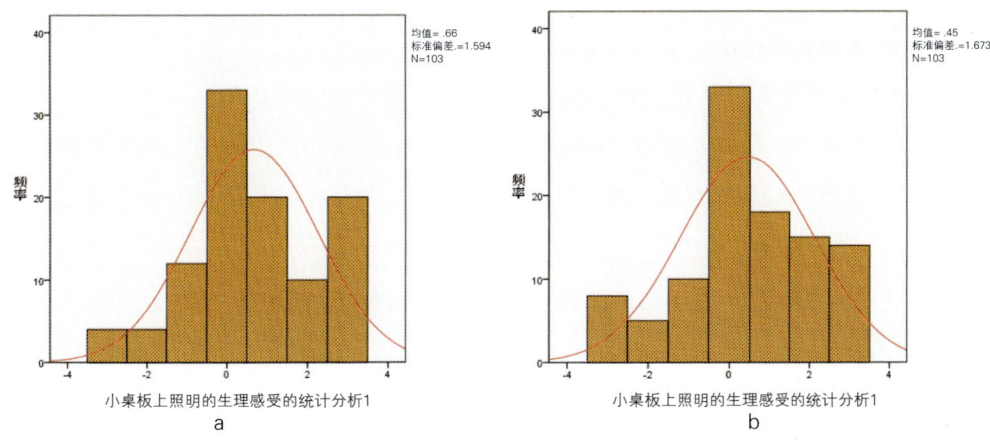

图4-24 小桌板上照明的心理感受的统计分析

乘客对观看液晶屏电视感受评价的统计分析。通过描述性统计分析可知：35.0%的乘客对观看液晶屏电视眩光影响感受评价为适中，表明列车室内照明环境对液晶电视荧光屏的干扰程度较小。如表4-46、图4-25所示。

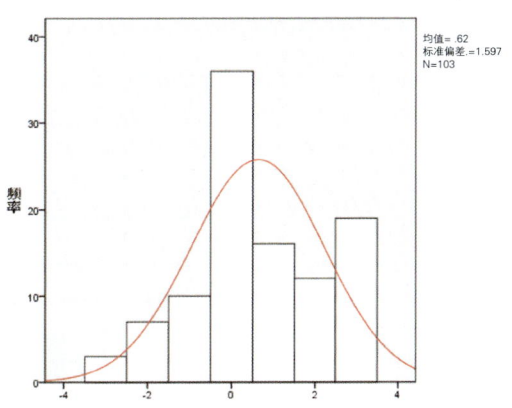

图4-25 看液晶屏电视的生理感受的统计分析

表4-46 看液晶屏电视的生理感受的统计分析

		频率	百分比	有效百分比	累积百分比
有效	有眩光程度-3	3	2.9	2.9	2.9
	有眩光程度-2	7	6.8	6.8	9.7
	有眩光程度-1	10	9.7	9.7	19.4
	中间程度0	36	35.0	35.0	54.4
	无眩光程度1	16	15.5	15.5	69.9
	无眩光程度2	12	11.7	11.7	81.6
	无眩光程度3	19	18.4	18.4	100.0
	合计	103	100.0	100.0	

对乘客进出不同车厢光线变化感受评价的统计分析。通过描述性统计分析可知：28.2%的乘客对进出不同车厢光线变化的感受选择适中程度，25.2%的乘客认为非常适应进出不同车厢的光线变化，也有16.5%的乘客认为眼睛较不适应不同车厢的光线变化。这个一级因素主要考察乘客在列车不同车厢之间进出时的眼睛明暗适应性程度，以确定在进行高速列车照明环境设计时车厢内部各照明空间的照度值设计。如表4-47、图4-26所示。

表4-47 进出不同车厢光线变化的生理感受的统计分析

		频率	百分比	有效百分比	累积百分比
有效	眼睛不适应光的程度-3	3	2.9	2.9	2.9
	眼睛不适应光的程度-2	4	3.9	3.9	6.8
	眼睛不适应光的程度-1	17	16.5	16.5	23.3
	中间程度0	29	28.2	28.2	51.5
	眼睛适应光的程度1	11	10.7	10.7	62.1
	眼睛适应光的程度2	13	12.6	12.6	74.8
	眼睛适应光的程度3	26	25.2	25.2	100.0
	合计	103	100.0	100.0	

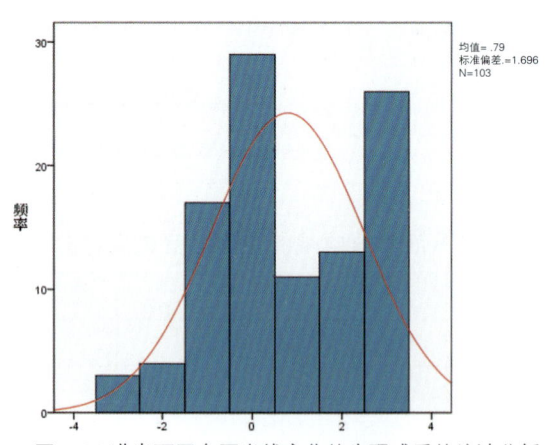

图4-26 进出不同车厢光线变化的生理感受的统计分析

对乘客在列车进出隧道时列车内外光线差异变化感受评价的统计分析。通过描述性统计分析可知：30.1%的乘客在列车进出隧道时列车内外光线差异变化感受评价为较不适应，表明列车进出隧道光线的变化对一部分乘客的视觉疲劳程度有一定的影响。如表4-48、图4-27所示。

表4-48 进出隧道时列车内外光线差异变化的生理感受的统计分析

		频率	百分比	有效百分比	累积百分比
有效	不适应程度-3	6	5.8	5.8	5.8
	不适应程度-2	9	8.7	8.7	14.6
	不适应程度-1	16	15.5	15.5	30.1
	中间程度0	20	19.4	19.4	49.5
	适应程度1	12	11.7	11.7	61.2
	适应程度2	16	15.5	15.5	76.7
	适应程度3	24	23.3	23.3	100.0
	合计	103	100.0	100.0	

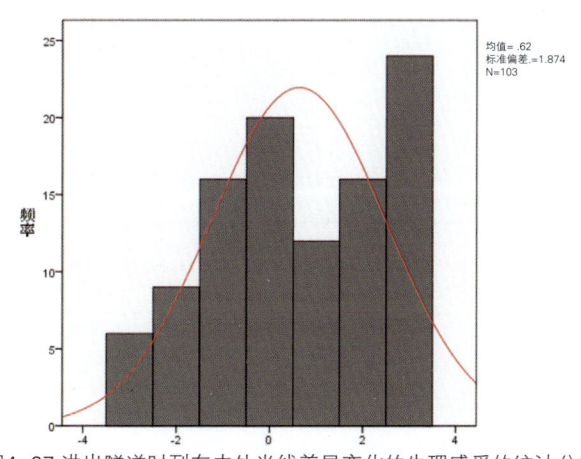

图4-27 进出隧道时列车内外光线差异变化的生理感受的统计分析

根据语义差异量表的计算方法，通过计算乘客在每一个二级因素单纯陈述的平均分可知：C02_1模糊程度、C02_2眩光程度、C01_3杂乱程度、C04_1刺眼程度、C09_2安全程度、C03_4面部模糊和C01_4局促程度这7个二级因素的评价得分均值都超过了1.00，说明乘客对这7个二级因素的评价良好。而C07_1眩光程度、C10_2公共程度、C07_2暗淡程度、C01_2朴实程度、C05_3装饰程度、C06_2狭长程度和C03_2疲倦程度这7个二级因素的评价得分均值都低于0.50，说明这7个二级因素有待今后在高速列车照明设计中进行改进和提升。如表4-49、图4-28、图4-29所示。

表4-49 语义差异量表—二级因素的平均得分均值

语义差异量表二级因素	二级因素评价得分均值	一级因素总评分均值	语义差异量表一级因素
C01_1朦胧程度	0.84	0.85	C01列车环境的总印象
C01_2朴实程度	0.28		
C01_3杂乱程度	1.27		
C01_4局促程度	1.01		
C02_1模糊程度	1.81	1.74	C02乘客辨认本问卷上"小四号"文字
C02_2眩光程度	1.66		
C03_1暗淡程度	0.63	0.61	C03本节车厢灯光照明视觉感受
C03_2疲倦程度	0.02		
C03_3光均匀度	0.89		
C03_4面部模糊	1.02		
C03_5孤僻程度	0.50		
C03_6偏冷程度	0.62		
C04_1刺眼程度	1.25	1.05	C04车厢顶棚和墙体视觉感受
C04_2质感程度	0.85		
C05_1布置方式	0.81	0.54	C05灯具自身因素
C05_2传统程度	0.55		
C05_3装饰程度	0.25		
C06_1昏暗程度	0.63	0.35	C06卫生间照明感受因素
C06_2狭长程度	0.06		
C07_1眩光程度	0.49	0.46	C07洗脸室照明感受因素
C07_2暗淡程度	0.43		
C08昏暗程度	0.87	0.87	C08通过台（车厢连接区）照明感受因素
C09_1模糊程度	0.97	1.11	C09过道照明感受因素
C09_2安全程度	1.24		
C10_1侵犯程度	0.66	0.56	C10小桌板局部照明感受因素
C10_2公共程度	0.45		
C11眩光程度	0.62	0.62	C11看液晶屏电视感受因素
C12适应程度	0.79	0.79	C12进出不同车厢感受因素
C13适应程度	0.62	0.62	C13进出隧道列车内外光线差异突然变化因素

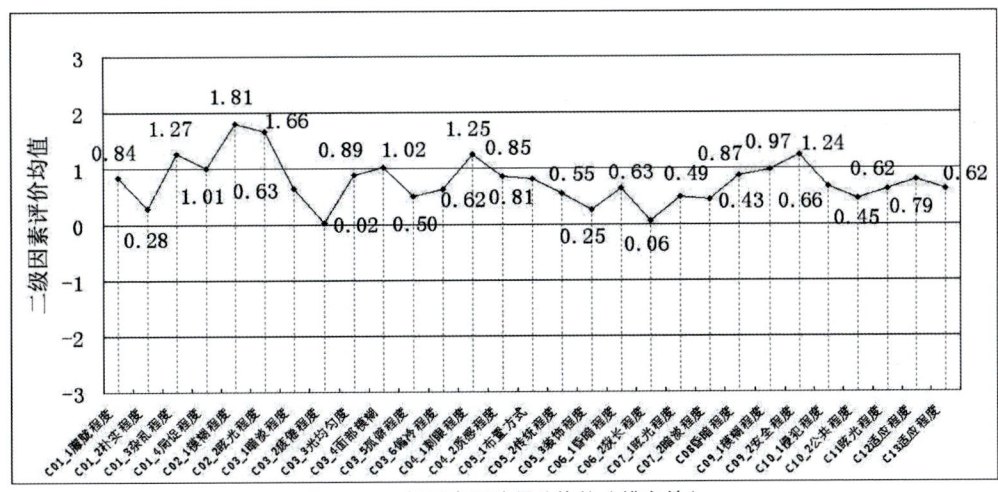

图4-28 二级因素评价得分均值(排序前)

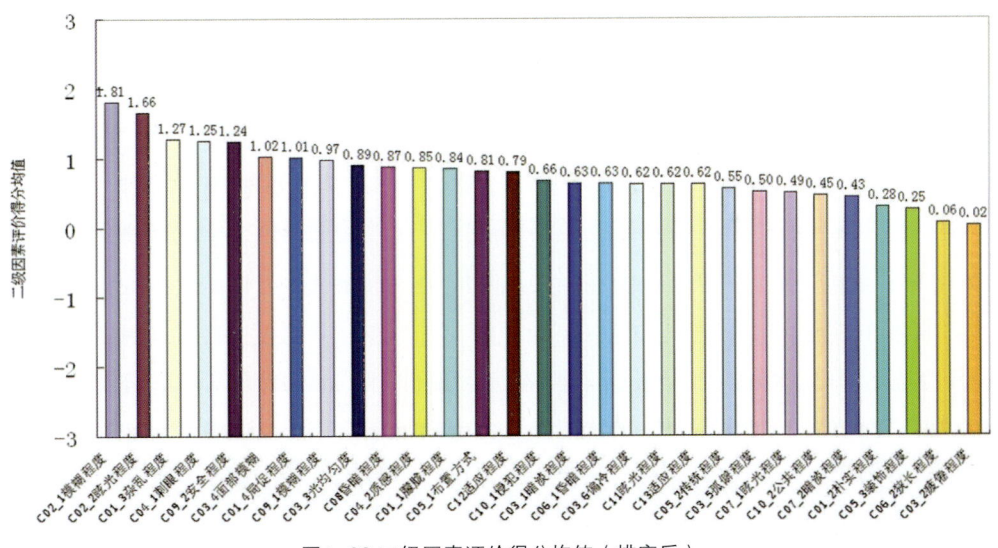

图4-29 二级因素评价得分均值(排序后)

根据语义差异量表的计算方法,将对于不同评价的一级因素的评分进行比较可知:乘客对辨认本问卷上"小四号"文字、过道照明感受因素、车厢顶棚和墙体视觉感受因素的评价较好,评价得分均值都超过了1.00;而乘客对洗脸室照明感受因素和卫生间照明感受因素的评价较差,评价得分均值都在0.50以下,说明这两个一级因素的照明环境有待改善和提高。如图4-30所示。

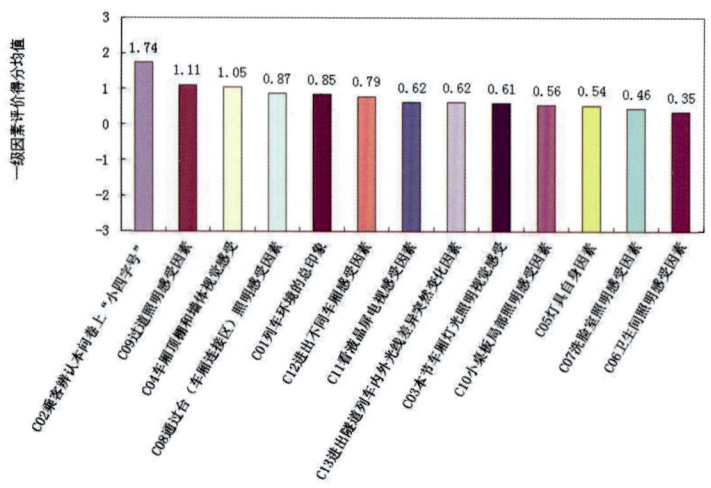

图4-30 一级因素评价得分均值（排序后）

从参与此次调查的103名乘客的调查结果中，我们可以得知大多数的乘客对CRH1E型动车组的照明环境感受是积极的，他们对CRH1E车型的列车室内照明环境生理与心理感受主观评价的数十项指标项目分别给出了评价，大多数的指标项目提问都获得了很高的评分，但统计结果同时也表明了列车室内照明环境设计的一些不足。

从调查问卷的发放和乘客访谈中了解到，车内照明环境和照明设施还不能完全满足乘客的身心需要，特别是在照明功能区间过渡的适应性、照明控制系统的可微调性与适用范围、视照度、视觉集中点及照明氛围设计等方面缺乏相应深度的考虑。乘客主观评价较低的是C07_1眩光程度、C10_2公共程度、C07_2暗淡程度、C01_2朴实程度、C05_3装饰程度、C06_2狭长程度和C03_2疲倦程度，意见主要集中在视觉疲劳的生理影响和照明氛围的心理影响方面。不少乘客认为列车室内照明环境氛围的适当调节能给身心一定的舒缓作用，单一而乏味的光色光源常常给人沉闷而乏味的主观感受，目前中国高速列车室内照明环境的光源光色基本没有可调功能，对于长途旅行的乘客而言，这将是影响他们身心疲劳感受的重要因素之一；其次，不同照明功能区间过渡的视觉适应性和心理感受的改进需求也比较明显，在列车室内照明环境设计中，考虑如何在节约电能的同时，又尽量满足不同照明功能区间的照度平缓过渡，也是需要设计者关注的问题。

前面分析影响因素的数据是针对乘客的主观评价的诸多变量来进行探讨，总之他们对视照度需求、视觉疲劳舒缓、照明功能区间照度过渡、照明氛围需求等，表示出了强烈的倾向性，对盥洗室照明感受因素和卫生间照明感受因素的需求要求也比较高，这些都说明列车室内照明环境设计还存在一些需要改进的地方，而这些评价是对乘客在列车室内照明环境中产生的生理与心理感受的一种萃取和提炼，不是简单的通过乘客情绪来评价和判断列车室内照明环境的好坏与否。发现、萃取、解析这些感受因子（反义形容词对）找出导致这些感受的物理参数和相应程度，从而改进列车室内照明环境设计。

4.4 本章小结

在本章中，笔者以前文的理论分析为基础进行了列车室内照明环境影响因素的相关剖析，以CRH1E型列车上的成年乘客为调查对象，通过问卷框架效度分析、问卷内容效度分析、交流效度分析、分析效度分析和问卷信度分析确定了中国高速列车室内照明环境乘客感受调查问卷。在调查实验结束后，对调查数据进行了描述性统计分析和因素分析。

中国高速列车室内照明环境乘客感受调查问卷设计是提供列车室内照明环境设计评价研究的核心内容，其问题关注点与提问项目确定的合理与否是直接影响乘客主观评价的主要条件，问卷能否全面真实反映乘客身心感受，显得至关重要。所以问卷的效度和信度是中国高速列车室内照明环境设计研究中应该遵守的科学标准，也是乘客主观评价乃至整个研究结果科学性与合理性的标准。就中国高速列车室内照明环境设计研究来说，调查问卷的效度是指反映乘客生理与心理感受影响因素及其规律方面的客观、明确、科学程度，也就是研究结果符合实际情况的程度。问卷的信度是指问卷调查测试的一致程度、稳定程度和可靠程度，通常以内部一致性来表示该测试信度的高低。只有调查问卷具备良好的效度和信度，研究才有意义，因此问卷设计和分析要以这两个标准为前提。

本章的第1节对中国高速列车室内照明环境评价进行了简述。第2节对影响列车室内照明环境的相关因素进行了剖析。第3节阐述了调查问卷设计的全部过程和相关依据，对调查的目的、调查问卷的设计思路、调查问卷的设计步骤进行了明晰的阐释；对问卷设计的突破口、调查中会遇到的问题和困难及问卷采用何种形式进行了深入的分析和研究。第4节对问卷效度的分析是在前期照明系统脉络分析和中国高速列车室内照明子系统与其他照明子系统类比分析的基础上进行的，并与相关专家对调查问卷的框架效度、内容效度、交流效度和分析效度进行了改善和提高。对问卷的信度进行了考察与分析。正式问卷分为被调查者的相关基本信息、乘客乘车的相关信息、乘客对高速列车室内照明环境感受的主观评价三部分提问。第三部分提问的评价方式采用语义差异量表评价得分形式。运用SPSS 19.0软件对问卷调查的数据进行信度分析,并对调查所获得的原始数据进行科学的分类与汇总。将没有填写完、胡乱填写等错误问卷进行剔除,得到有效问卷103份,实际有效问卷回收率为93.6%,对问卷调查的数据进行了整理和提取。同时对各部分评价项目进行了描述性统计分析图表的得出与讨论,比较分析了一二级因素对乘客主观评价感受的影响程度和相关物理参数因素。这为后面的实地测量照明物理参数提供了主观评价参考。

思考练习

1. 我们对产品或空间环境的使用者了解吗?我们如何去了解他们的生理和心理感受?
2. 选择某一产品或空间环境,分析设计的影响因素,编写调查问卷并进行相应的效度和信度分析,调查后进行数据分析归纳。
3. 针对某一产品或空间环境,进行设计调研,并制作调研报告。

推荐书目

[1] 李乐山. 设计调查[M]. 北京:中国建筑工业出版社,2007.

[2] 徐云升. 实验数据处理与科技绘图[M]. 广州:华南理工大学出版社,2010.

[3] 杜智敏. 抽样调查与SPSS应用[M]. 北京:电子工业出版社,2010.

[4] 潘伦典等. 铁路旅客列车车内照明照度卫生标准研究[J]. 铁道劳动安全卫生与环保,1990(1).

[5] 庄达民. 照明与人的视觉特性[J]. 家电科技,2004(9).

[6] 伍世平,等. 旅客列车车厢照明现状的调查[J]. 铁道劳动安全卫生与环保,1990(1).

[7] 潘伦典,等. 铁道硬卧客车卧室内不同灯具布局照明效果的评价[J]. 铁道劳动安全卫生与环保,1990(3).

[8] [美]贝尔,等. 环境心理学[M]. 朱建军,等,译. 北京:中国人民大学出版社,2009.

[9] 常怀生. 环境心理学与室内设计[M]. 北京:中国建筑工业出版社,2000.

[10] 马铁丁. 环境心理学与心理环境学[M]. 北京:国防工业出版社,1996.

[11] 王令中. 视觉艺术心理[M]. 北京:人民美术出版社,2005.

[12] [美]鲁道夫•阿恩海姆. 艺术与视知觉[M]. 滕守尧,等,译. 成都:四川人民出版社,1998.

[13] [美]鲁道夫•阿恩海姆. 视觉思维——审美直觉心理学[M]. 滕守尧,译. 成都:四川人民出版社,1998.

[14] 杨公侠. 视觉与视觉环境[M]. 上海:同济大学出版社,2002.

第 5 章

高速列车室内照明环境客观检测与评价

5.1 高速列车室内照明环境实地测量的目的与意义

高速列车的车内照度水平必须满足乘客夜间阅读和活动的需要。为了了解我国高速列车室内照明环境现状，掌握乘客对高速运行时列车室内照明环境的视觉反应，为改善列车室内照明环境提出可行的参考建议，笔者于2011年7月至2012年1月对目前中国运行的CRH1A、CRH1E、CRH2C、CRH380A四种高速列车车型的室内照明环境状况及其相关因素进行了调查和实地测量。

5.2 高速列车室内照明环境实地测量的实施

5.2.1 实测对象

5.2.1.1 CRH1A型车

对该车型的照明实测乘坐的是成都至重庆北区间的D5102次和D5113次列车，全程315公里共运行2小时14分。

（1）CRH1A型车基本数据如图5-1、表5-1所示：

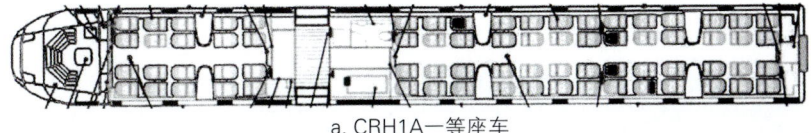

a. CRH1A一等座车

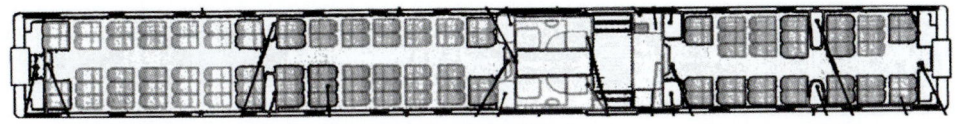

b. CRH1A二等座车

c. CRH1A餐车

图5-1 CRH1A型车各主要车厢平面布置图

（图片来源：刘转华. 动车组技术[M]. 成都：西南交通大学出版社，2010.）

表5-1 CRH1A型车基本技术数据

参数项	数据值
动力配置	5M3T：2（2M+1T）+（1M+1T）
车厢类型	2节一等座车 5节二等座车 1节二等座车／餐车
客室布置	一等座：2+2 二等座：2+3
编组定员（人）	607/604
最高营运速度（km/h）	250
车头长度（mm）	26 950
中间车长度（mm）	26 600
车辆宽度（mm）	3 328
车辆高度（mm）	4 040
牵引变流器	IGBT水冷VVVF
牵引功率	265 kW×20=5 300 kW
受流电压	AC25 kV，50 Hz
辅助供电制式	三相AC380 V，50 Hz；DC100 V

（资料来源：作者调研整理）

（2）CRH1A型车各主要车厢照明设备状况如表5-2所示：

表5-2 CRH1A型车各主要车厢照明设备实地调查状况

车厢类型	灯具类型	照明方式	照明等级	布局位置
一等座车	荧光灯	面光源（泛光）	一级照明	顶棚两侧
	荧光灯	线光源（内透光）	二级照明	行李架下部
二等座车	荧光灯	面光源（泛光）	一级照明	顶棚两侧
	荧光灯	线光源（内透光）	二级照明	行李架下部
餐车	荧光灯	面光源（泛光）	一级照明	顶棚两侧
	荧光灯	线光源（内透光）	二级照明	车厢侧壁
	荧光灯	面光源（泛光）	一级照明	吧台顶棚
	LED60射灯	点光源	二级照明	厨房顶棚
通过台	LED80射灯	点光源（泛光）	一级照明	顶棚中部
	LED60射灯	点光源	二级照明	顶棚两侧

续表5-2

车厢类型	灯具类型	照明方式	照明等级	布局位置
小走廊	LED80射灯	点光源（泛光）	一级照明	顶棚中部
卫生间	LED60射灯	点光源	一级照明	顶棚中部四角
洗脸室	LED60射灯	点光源	一级照明	顶棚中部四角

（资料来源：作者调研整理）

5.2.1.2 CRH1E型车

对该车型的照明实测乘坐的是成都至上海区间的D358次动卧列车，全程2 021公里共运行15小时整。

（1）CRH1E型车基本数据如图5-2、表5-3所示：

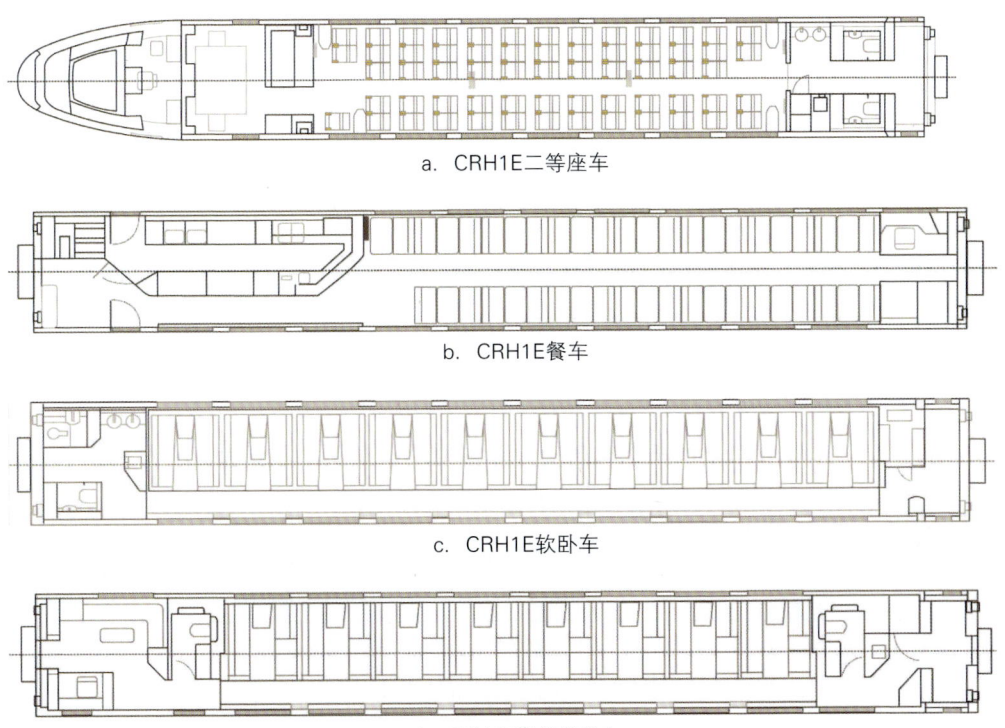

a. CRH1E二等座车

b. CRH1E餐车

c. CRH1E软卧车

d. CRH1E豪华软卧车

图5-2 CRH1E型车各主要车厢平面布置图

表5-3 CRH1E型车基本技术数据

参数项	数据值
动力配置	10M6T：4（2M+1T）+2（1M+1T）
车厢类型	12节软卧车 1节豪华软卧车 2节二等座车 1节餐车
客室布置	二等座：2+3 软卧：1房4铺 豪华软卧：1房2铺
编组定员（人）	618
最高营运速度（km/h）	250
车头长度（mm）	26 950
中间车长度（mm）	26 600
车辆宽度（mm）	3 328
车辆高度（mm）	4 040
牵引变流器	IGBT水冷VVVF
牵引功率	11 000 kW
受流电压	AC25 kV，50 Hz
辅助供电制式	三相AC380 V，50 Hz；DC100 V

（资料来源：作者调研整理）

（2）CRH1E型车各主要车厢照明设备状况如表5-4所示：

表5-4 CRH1E型车各主要车厢照明设备实地调查状况

车厢类型	灯具类型	照明方式	照明等级	布局位置
二等座车	荧光灯	面光源（泛光）	一级照明	顶棚两侧
	荧光灯	线光源（内透光）	二级照明	行李架下部
餐车	荧光灯	面光源（泛光）	一级照明	顶棚两侧
	荧光灯	线光源（内透光）	二级照明	车厢侧壁
	荧光灯	面光源（泛光）	一级照明	吧台顶棚
	LED60射灯	点光源	二级照明	厨房顶棚
软卧车	荧光灯	面光源（泛光）	一级照明	包厢顶棚两侧
	LED60射灯	点光源	一级照明	过道顶棚中部
	LED12 W阅读灯	点光源	三级照明	每铺位床头侧壁

续表5-4

车厢类型	灯具类型	照明方式	照明等级	布局位置
豪华软卧车	荧光灯	面光源（泛光）	一级照明	包厢顶棚两侧
	LED60射灯	点光源	一级照明	过道顶棚中部
通过台	LED12 W阅读灯	点光源	三级照明	每铺位床头侧壁
	LED80射灯	点光源（泛光）	一级照明	顶棚中部
小走廊	LED60射灯	点光源	二级照明	顶棚两侧
	LED80射灯	点光源（泛光）	一级照明	顶棚中部
	LED60射灯	点光源	二级照明	顶棚两侧
卫生间	LED60射灯	点光源	一级照明	顶棚中部四角
盥洗室	LED60射灯	点光源	一级照明	顶棚中部四角

（资料来源：作者调研整理）

5.2.1.3 CRH2C型车

对该车型的照明实测乘坐的是温州南至合肥区间的D5590次列车，全程1 068公里共运行9小时52分。

（1）CRH2C型车基本数据如图5-3、表5-5所示：

a. CRH2C二等座车

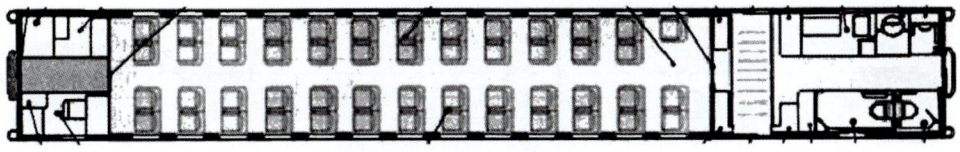

b. CRH2C一等座车

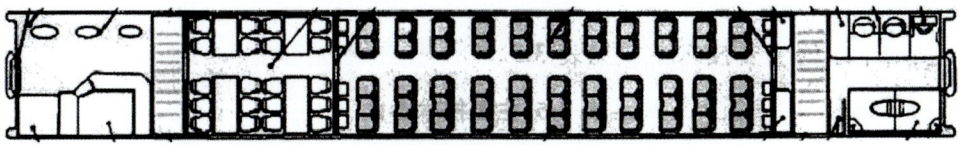

c. CRH2C餐车

图5-3 CRH2C型车各主要车厢平面布置图

（图片来源：刘转华. 动车组技术[M]. 成都：西南交通大学出版社，2010.）

表5-5 CRH2C型车基本技术数据

参数项	数据值
动力配置	6M2T：2（3M+1T）
车厢类型	一等座车 二等座车 二等座车/餐车
客室布置	一等座：2+2 二等座：2+3
编组定员（人）	610
最高营运速度（km/h）	350
车头长度（mm）	25 700
中间车长度（mm）	25 000
车辆宽度（mm）	3 380
车辆高度（mm）	3 700
牵引变流器	三菱/南车时代CI11 IPM风冷VVVF
牵引功率	8 760 kW
受流电压	AC25 kV，50 Hz
辅助供电制式	三相AC100 V、AC220 V、AC400 V，50 Hz；DC100 V

（资料来源：作者调研整理）

（2）CRH2C型车各主要车厢照明设备状况如表5-6所示：

表5-6 CRH2C型车各主要车厢照明设备实地调查状况

车厢类型	灯具类型	照明方式	照明等级	布局位置
一等座车	LED平面光源	漫射光源（泛光）	一级照明	顶棚两侧
二等座车	LED平面光源	漫射光源（泛光）	一级照明	顶棚两侧
餐车	LED平面光源	漫射光源（泛光）	一级照明	顶棚两侧
餐车	LED平面光源	面光源（泛光）	一级照明	吧台顶棚
餐车	LED60射灯	点光源	二级照明	厨房顶棚
通过台	20 W单管顶灯	面光源（泛光）	一级照明	顶棚两侧
小走廊	LED60射灯	点光源	一级照明	顶棚中部
卫生间	20 W单管顶灯	面光源（泛光）	一级照明	顶棚中部
盥洗室	20 W单管顶灯	面光源（泛光）	一级照明	顶棚中部

（资料来源：作者调研整理）

5.2.1.4 CRH380A型车

对该车型的照明实测乘坐的是南京至上海区间的G7025次列车，全程301公里共运行1小时39分。

（1）CRH380A型车基本数据如图5-4、表5-7所示：

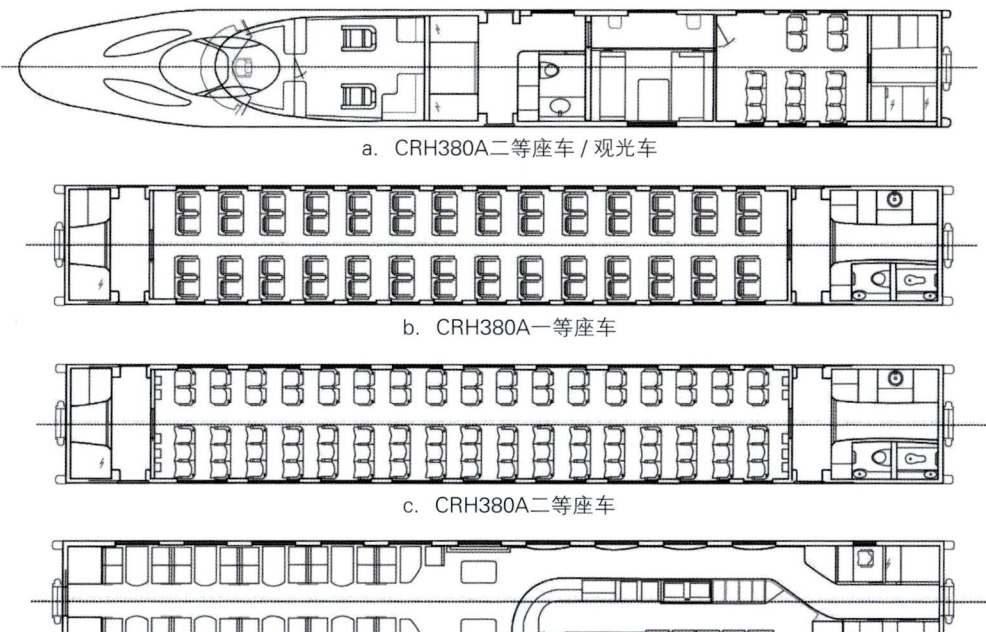

a. CRH380A二等座车/观光车

b. CRH380A一等座车

c. CRH380A二等座车

d. CRH380A餐车

图5-4 CRH380A型车各主要车厢平面布置图

表5-7 CRH380A型车基本技术数据

参数项	数据值
动力配置	6M2T
车厢类型	一等座车 二等座车 二等座车/餐车 二等座车/观光车
客室布置	一等座：2+2 二等座：2+3
编组定员（人）	610
最高营运速度（km/h）	380
车头长度（mm）	26 500

续表5-7

参数项	数据值
中间车长度（mm）	25 000
车辆宽度（mm）	3 380
车辆高度（mm）	3 700
牵引变流器	南车时代CI11 IPM风冷VVVF
牵引功率	9 600 kW
受流电压	AC25 kV，50 Hz
辅助供电制式	三相AC100 V、AC220 V、AC400 V，50 Hz；DC100 V

（资料来源：作者调研整理）

（2）CRH380A型车各主要车厢照明设备状况如表5-8所示：

表5-8 CRH380A型车各主要车厢照明设备实地调查状况

车厢类型	灯具类型	照明方式	照明等级	布局位置
一等座车	LED灯片	漫射光源（泛光）	一级照明	顶棚两侧
二等座车	LED灯片	漫射光源（泛光）	一级照明	顶棚两侧
观光车	LED灯片	漫射光源（泛光）	一级照明	顶棚两侧
	LED60射灯	点光源	二级照明	顶棚中部
餐车	LED灯片	漫射光源（泛光）	一级照明	顶棚两侧
	LED灯管	漫射光源（泛光）	二级照明	车厢侧壁
	LED60射灯	点光源	二级照明	吧台顶棚
	LED灯片	面光源（泛光）	一级照明	厨房顶棚
通过台	LED60射灯	点光源	一级照明	顶棚两侧
小走廊	LED60射灯	点光源	一级照明	顶棚中部
卫生间	LED60射灯	点光源	一级照明	顶棚中部四角
洗脸室	LED灯片	面光源（泛光）	一级照明	顶棚中部

（资料来源：作者调研整理）

5.2.2 实测相关参数

(1)高速列车有关表面上的照度。

(2)高速列车有关面的照度均匀度。

(3)高速列车有关表面上的反射比。

5.2.3 实测仪器

(1)中国杭州远方光电信息有限公司开发的YF2006专业袖珍照度计,如图5-5所示,该照度计符合国际和国内标准,测量范围为0.1 lx～100 klx,照度测量精度为一级。

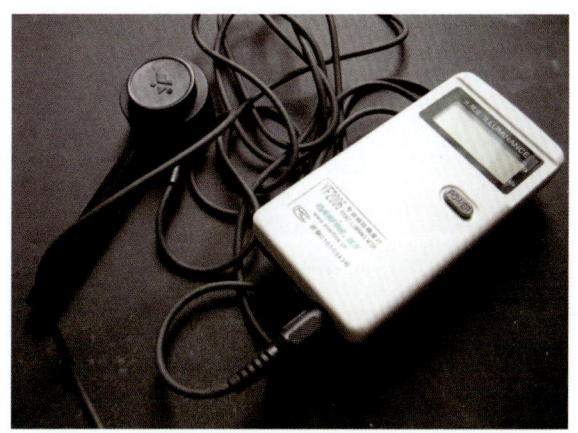

图5-5 YF2006专业袖珍照度计

(2)中国明高五金制品(深圳)有限公司开发的TH100型室内温湿度计,如图5-6所示,用于高速列车室内温湿度的测量。

图5-6 TH100型室内温湿度计

（3）其他：

① 高速列车室内照明环境照度实测记录表、高速列车车厢内部各表面反射系数比记录表［依据《照明测量方法》（GB/T 5700—2008）制定］；

② 卷尺。

5.2.4 实测条件

依据《铁路列车旅客车内照明照度测量方法》（TB 2142—90）中测量条件的规定，本次实测为在旅客列车定员和运行状态下测量；测量是在夜间进行的，测量时列车车内照明光源都已全部开启。测量开始前，实测高速列车的各照明光源累计点燃时间均符合铁路行业标准规定的累计点燃时间。

5.2.5 实测方法

照度与反射比系数的测量方法依据《照明测量方法》（GB/T 5700—2008）与《铁路列车旅客车内照明照度测量方法》（TB 2142—90）进行。测量中旅客必须坐在座位上，不得来回走动。测量时将照度计的光感接触头放置于要测量的相应位置，当照度计数值稳定后再进行读数。每一个测量点连续测读2～3个数值，取其算术平均值作为该点的水平照度值。

5.2.5.1 照度测量采用"中心布点法"测量

（1）"所谓中心布点法是指在照度测量的区域一般将测量区域划分成矩形网格，网格宜为正方形，应在矩形网格中心点测量照度。"[④] 如图5-7所示。

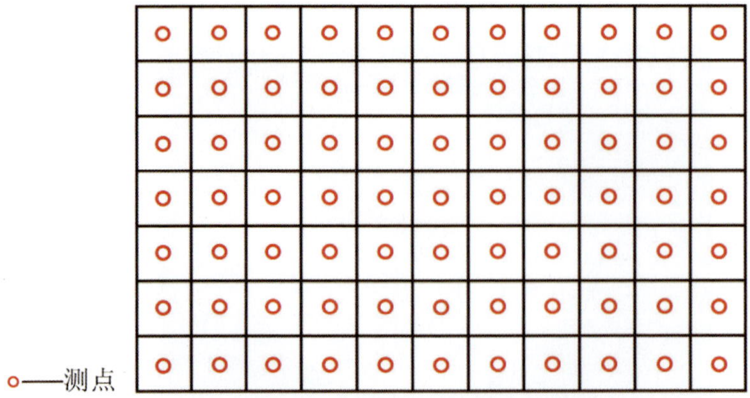

图5-7 在网格中心布点示意图

---

④ 国家标准局. 照明测量方法（GB/T 5700—2008）[S]. 北京：中国标准出版社，2008：5.

（2）中心布点法的照度平均值按式（4-1）计算：

$$\sum\nolimits_{av} = \frac{1}{M \cdot N} \sum E_i \qquad (4-1)$$

式中 $\sum_{av}$ ——照度平均值，单位为 lx（勒克斯）；

E_i ——在第 i 个测点上的照度，单位为 lx；

M ——纵向测点数；

N ——横向测点数。

5.2.5.2 照度均匀度按式（4-2）和式（4-3）计算：

$$U_1 = E_{min} / E_{max} \qquad (4-2)$$

式中 U_1 ——照度均匀度（极差）；

E_{min} ——最小照度，单位为 lx；

E_{max} ——最大照度，单位为 lx。

$$U_1 = E_{min} / E_{av} \qquad (4-3)$$

式中 U_1 ——照度均匀度（极差）；

E_{min} ——最小照度，单位为 lx；

E_{av} ——平均照度，单位为 lx。

5.2.5.3 反射比的测量采用间接方法进行测量

间接测量方法就是指单独使用照度计测量现场反射比。"每个需要测量的物体表面选取3至5个测量点的测量值，通过计算其算术平均值，作为该物体被测表面的反射比系数。使用照度计来测量漫反射表面的反射比，应该选择不受直接光影响的被测表面位置，将照度计的接收器紧贴被测表面的某一位置，测量其入射照度 E_R，然后将接收器的感光面对准同一被测表面的原来位置，逐渐偏移离开，待照度值稳定后，读取反射照度 E_f，测量示意图如图5-8所示。"[5] 按式（4-4）求出反射比：

$$\rho = \frac{E_R}{E_f} \qquad (4-4)$$

式中 ρ ——反射比；

E_R ——反射照度，单位为 lx；

E_f ——入射照度，单位为 lx。

---

[5] 国家标准局. 照明测量方法（GB/T 5700—2008）[S]. 北京：中国标准出版社，2008：7.

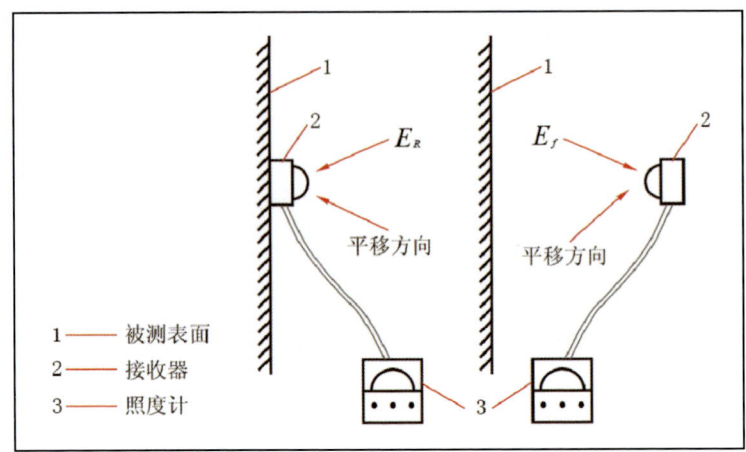

图5-8 采用照度计间接测量反射比方法示意图

5.2.5.4 具体实测位置（测点）

（1）高速列车客室：

a. 座席车：每个座位纵向中心线，距靠背前方0.6m，距地板面0.8m处测量。

b. 包厢软、硬卧车：两侧茶桌面上各自的中心位置；两铺长度中心线与两铺之间中线的交点；走廊纵向中心线与两铺之间中线的交点距地板面0.8m处各测量1点。每客间共测量4点。

c. 乘务室：在工作台面上的中心位置测量一点。

（2）高速列车餐车：

a. 餐室：在每张餐桌面上中心位置测量。

b. 厨房：在洗池、切菜桌面上每两灯具之间测量；在灶台上测量一点，取其算术平均值为厨房的平均照度值。

（3）高速列车走廊：沿走廊纵向中心线，两灯之间，距地板面0.8m处测量。

（4）高速列车通过台：在通过台中心，及两翻板中心上方距地板面0.8m处测量，共测3点。

（5）高速列车洗脸室及卫生间：在房间中心位置距地板面1.5m处测量。

（6）座席车照明照度测点数不少于额定系数的50%，卧席包间不少于额定间数的50%。

5.3 实测数据处理与分析

5.3.1 高速列车各车型实测照度与均匀度分析

5.3.1.1 高速列车座席客室照度水平及分布分析

通过各车型座席客室相关测点实测数据两两比较后发现：CRH1A车型座席客室平均照度最低，为96.8 lx，CRH2C车型座席客室平均照度最高，为209.3 lx，CRH380A车型座席客室平均照度为187.0 lx，三种车型座席客室的照度均匀度极差值和均差值均不小于0.70 [参考《建筑照明设计标准》（GB 50034-2004）中公共建筑的工作房间和工业建筑作业区域内的一般照明照度均匀度不应小于0.70、作业面邻近周围的照度均匀度不应小于0.50为依据，下同⑥]。说明这些车型的座席客室整体照度分布良好，如表5-9、图5-9所示。

表5-9 高速列车座席客室照度水平及分布

车型	照度值（lx）			照度均匀度	
	最大值	最小值	照度平均值	极差U_1	均差U_2
CRH1A	101.4	87.2	96.8	0.86	0.90
CRH2C	245.3	170.5	209.3	0.70	0.81
CRH380A	202.5	156.3	187.0	0.77	0.84
合计	—	—	164.4	0.78	0.85

a. CRH1A

b. CRH2C

c. CRH380A

图5-9 高速列车各车型座席客室照明实测情况

5.3.1.2 高速列车客室地板照度水平及分布分析

通过各车型客室地板相关测点实测数据两两比较后发现：CRH1A车型客室地板平均照度最低，为62.2 lx，CRH2C车型客室地板平均照度最高，为183.0 lx，

---

⑥ 国家标准局. 建筑照明设计标准（GB 50034—2004）[S]. 北京：中国标准出版社，2004：13.

CRH380A车型客室地板平均照度为97.6 lx,三种车型客室地板的照度均匀度极差值和均差值均不小于0.70,说明这些车型的客室地板整体照度分布良好。

三种车型客室地板照度与座席客室的照度比为1∶1.6、1∶1.1和1∶1.9,均大于1∶3 [参考《建筑照明设计标准》(GB 50034-2004)中房间内的通道和其他非作业区域的一般照明的照度不宜低于作业区域一般照明照度的1/3[⑦]及参考《铁道客车照明设计基本参数》(GB/T 12815-91)中2.2节的规定为依据,如表5-10所示,下同[⑧]]。说明三种车型客室地板的照度与所属车型客室整体照度适中,不易引起眩光或明暗适应视觉困难,如表5-11所示。

表5-10 车厢各部位的水平照度与客室照度应大致保持比例

部　位	与客室照度比
走　廊	1∶4
通过台	不小于1∶2
洗脸室	1∶1
卫生间	1∶2

表5-11 高速列车客室地板照度水平及分布

车型	与座席客室照度比	照度值（lx）			照度均匀度	
		最大值	最小值	照度平均值	极差U_1	均差U_2
CRH1A	1∶1.6	70.8	55.1	62.2	0.78	0.89
CRH2C	1∶1.1	187.5	176.1	183.0	0.94	0.96
CRH380A	1∶1.9	101.5	88.6	97.6	0.87	0.91

5.3.1.3 高速列车客室小桌板照度水平及分布分析

通过各车型客室小桌板相关测点实测数据两两比较后发现:CRH1A车型客室小桌板平均照度最低,为61.6 lx,CRH2C车型客室小桌板平均照度最高,为195.7 lx,CRH380A车型客室小桌板平均照度为108.1 lx。

结合前面CRH1A车型座席客室和客室地板照度水平的分析可知:CRH1A车型客室的整体照度水平过低达不到实际使用的照度需求。

---

⑦ 国家标准局.建筑照明设计标准(GB 50034—2004)[S].北京:中国标准出版社,2004:13~14.
⑧ 国家标准局.铁道客车照明设计基本参数(GB/T 12815-91)[S].北京:中国标准出版社,1992:1~2.

CRH1A、CRH2C车型客室小桌板的照度均匀度极差值和均差值均不小于0.70,而CRH3车型的照度均匀度极差值和均差值均小于0.70,说明CRH380A车型的照明方式与布局还是存在一些问题。

三种车型客室小桌板照度与座席客室照度比为1:1.6、1:1.1和1:1.7,均大于1:3,说明三种车型客室小桌板的照度与所属车型客室整体照度适中,不易引起眩光或明暗适应视觉困难,如表5-12所示。

表5-12 高速列车客室小桌板照度水平及分布

车型	与座席客室照度比	照度值 / lx			照度均匀度	
		最大值	最小值	照度平均值	极差U_1	均差U_2
CRH1A	1:1.6	67.4	46.9	61.6	0.70	0.76
CRH2C	1:1.1	203.9	187.2	195.7	0.92	0.96
CRH380A	1:1.7	153.7	58.8	108.1	0.38	0.54

5.3.1.4 高速列车通过台照度水平及分布分析

通过各车型通过台相关测点实测数据两两比较后发现:CRH1A车型通过台平均照度最高,为163.8 lx,CRH2C车型通过台平均照度为121.6 lx,CRH380A车型通过台平均照度最低,为106.5 lx,三种车型通过台的照度均匀度极差值和均差值均大于0.50,说明这些车型的通过台整体照度分布良好。

其中CRH1A车型通过台照度与座席客室照度比为1:0.6,虽然大于1:2,但是可以看出其通过台的照度反而比座席客室照度更高,超出了1:1的临界值,这也进一步说明CRH1A车型的空间照明转换设计存在问题,如表5-13、图5-10所示。

表5-13 高速列车通过台照度水平及分布

车型	与座席客室照度比	照度值 / lx			照度均匀度	
		最大值	最小值	照度平均值	极差U_1	均差U_2
CRH1A	1:0.6	202.2	112.9	163.8	0.56	0.69
CRH2C	1:1.7	127.7	114.1	121.6	0.89	0.94
CRH380A	1:1.8	115.5	99.4	106.5	0.86	0.93
合计	—	—	—	103.6	0.77	0.85

a. CRH1A　　　　　　　　b. CRH2C　　　　　　　　c. CRH380A

图5-10 高速列车各车型通过台照明实测情况

5.3.1.5 高速列车小走廊照度水平及分布分析

通过各车型小走廊相关测点实测数据两两比较后发现：CRH1A车型小走廊平均照度最高，为210.5 lx，CRH2C车型小走廊平均照度为121.4 lx，CRH380A车型小走廊平均照度最低，为118.9 lx，三种车型小走廊的照度均匀度极差值和均差值均大于0.50，说明这些车型的小走廊整体照度分布良好。

其中CRH1A车型小走廊照度与座席客室照度比为1∶0.5，虽然大于1∶3，但是可以看出其小走廊的照度反而比座席客室照度更高，超出了1∶1的临界值，这说明CRH1A车型小走廊的照度过高，小走廊照明设计存在问题，如表5-14、图5-11所示。

表5-14 高速列车小走廊照度水平及分布

车型	与座席客室照度比	照度值 / lx			照度均匀度	
		最大值	最小值	照度平均值	极差U_1	均差U_2
CRH1A	1∶0.5	220.7	205.9	210.5	0.93	0.98
CRH2C	1∶1.7	130.3	114.9	121.4	0.88	0.95
CRH380A	1∶1.6	123.1	115.6	118.9	0.94	0.97
合计	—	—	—	150.3	0.92	0.97

a. CRH1A　　　　　　　b. CRH2C　　　　　　　c. CRH380A

图5-11 高速列车各车型小走廊照明实测情况

5.3.1.6　高速列车卫生间照度水平及分布分析

通过各车型卫生间相关测点实测数据两两比较后发现：CRH1A车型卫生间平均照度最低，为29.3 lx，CRH2C车型卫生间平均照度为79.2 lx，CRH380A车型卫生间平均照度最高，为81.0 lx。可以看出CRH1A车型卫生间的照度平均值过低，且其照度均匀度极差值和均差值均小于0.50，同时CRH1A车型卫生间照度与其所属车型的座席客室照度比为1∶3.3，小于1∶2，达不到正常的视觉要求，容易引起眩光和明暗适应困难等问题，列车卫生间照明设计存在问题。如图5-12所示。

a. CRH1A　　　　　　　b. CRH2C　　　　　　　c. CRH380A

图5-12 高速列车各车型卫生间照明实测情况

虽然CRH2C车型与CRH380A车型卫生间照度均匀度很高，但是可以看出两车型卫生间的照度与座席客室照度比均小于1∶2，这说明CRH2C车型和CRH380A车型的卫生间照明设计也需要改进，如表5-15所示。

表5-15 高速列车卫生间照度水平及分布

车型	与座席客室照度比	照度值 / lx			照度均匀度	
		最大值	最小值	照度平均值	极差U_1	均差U_2
CRH1A	1:3.3	46.9	12.6	29.3	0.27	0.43
CRH2C	1:2.6	85.1	74.7	79.2	0.88	0.94
CRH380A	1:2.3	87.6	75.1	81.0	0.86	0.93
合计	—	—	—	63.2	0.67	0.77

5.3.1.7 高速列车盥洗室照度水平及分布分析

通过各车型盥洗室相关测点实测数据两两比较后发现：CRH1A车型盥洗室平均照度为77.9 lx，CRH2C车型盥洗室平均照度最低，为66.8 lx，CRH380A车型盥洗室平均照度最高，为90.9 lx。CRH1A、CRH2C车型盥洗室的照度均匀度极差值和均差值均小于0.70，说明这两种车型在照明方式和布局上还需要改进。

三种车型的盥洗室照度与座席客室照度比均不等于1∶1，说明这三种车型盥洗室的照明设计照度值都较低，需要改进，以防止眩光和明暗适应困难的产生，如表5-16、图5-13所示。

表5-16 高速列车盥洗室照度水平及分布

车型	与座席客室照度比	照度值 / lx			照度均匀度	
		最大值	最小值	照度平均值	极差U_1	均差U_2
CRH1A	1∶1.2	99.2	51.6	77.9	0.52	0.66
CRH2C	1∶3.1	99.3	35.4	66.8	0.36	0.53
CRH380A	1∶2.0	100.2	82.5	90.9	0.82	0.91
合计	—	—	—	78.5	0.57	0.70

a. CRH1A

b. CRH2C

c. CRH380A

图5-13 高速列车各车型盥洗室照明实测情况

5.3.1.8 高速列车乘务室照度水平及分布分析

通过各车型乘务室相关测点实测数据两两比较后发现：CRH1A车型乘务室平均照度最低，为96.7 lx，CRH2C车型乘务室平均照度为101.2 lx，CRH380A车型乘务室平均照度最高，为105.5 lx，三种车型乘务室的照度均匀度极差值和均差值均大于0.70，说明这些车型的乘务室整体照度分布良好。

CRH2C车型的乘务室照度与座席客室照度比小于1∶2，说明该车型乘务室照度稍低或者座席客室照度稍高，需要改进，如表5-17所示。

表5-17 高速列车乘务室照度水平及分布

车型	与座席客室照度比	照度值 / lx			照度均匀度	
		最大值	最小值	照度平均值	极差U_1	均差U_2
CRH1A	1∶1.0	100.3	89.5	96.7	0.89	0.93
CRH2C	1∶2.1	109.9	95.3	101.2	0.87	0.94
CRH380A	1∶1.8	115.8	100.0	105.5	0.86	0.95
合计	—	—	—	101.1	0.87	0.94

5.3.1.9 高速列车餐车餐室照度水平及分布分析

通过各车型餐车餐室相关测点实测数据两两比较后发现：CRH1A车型餐车餐室平均照度最低，为94.0 lx，CRH2C车型餐车餐室平均照度最高，为189.6 lx，CRH380A车型餐车餐室平均照度为124.8 lx。三种车型餐车餐室的照度均匀度极差值和均差值均大于0.70，说明这些车型的餐车餐室整体照度分布良好，如表4-18、图4-14所示。

a. CRH1A

b. CRH2C

c. CRH380A

图5-14 高速列车各车型餐车餐室照明实测情况

表5-18 高速列车餐车餐室照度水平及分布

车型	照度值 / lx			照度均匀度	
	最大值	最小值	照度平均值	极差U_1	均差U_2
CRH1A	110.1	79.2	94.0	0.72	0.84
CRH2C	200.0	174.1	189.6	0.87	0.92
CRH380A	149.9	108.9	124.8	0.73	0.87
合计	—	—	136.1	0.77	0.88

5.3.1.10 高速列车餐车厨房照度水平及分布分析

通过各车型餐车厨房相关测点实测数据两两比较后发现：CRH1A车型餐车厨房平均照度最低，为77.0 lx，CRH2C车型餐车厨房平均照度最高，为106.2 lx，CRH380A车型餐车厨房平均照度为94.5 lx。虽然三种车型餐车厨房的照度均匀度均差值均大于0.70，但这些车型的照度均匀度极差值均小于0.70，说明这些车型的餐车厨房的照明布局存在问题。根据实际调查得知多是由于餐车厨房点光源与面光源照度差异过大造成，需要改进照明方式和布局。

CRH1A车型的照度平均值过低，达不到餐车厨房烹饪的视觉需要，需要提升照度平均值。

三种车型的餐车厨房照度与餐车餐室照度比均大于1：2，说明三种车型餐车厨房的照度与餐车餐室整体照度适中，不易引起眩光或明暗适应视觉困难，如表5-19、图5-15所示。

表5-19 高速列车餐车厨房照度水平及分布

车型	与座席客室照度比	照度值 / lx			照度均匀度	
		最大值	最小值	照度平均值	极差U_1	均差U_2
CRH1A	1:1.2	103.8	66.0	77.0	0.64	0.86
CRH2C	1:1.8	188.6	76.4	106.2	0.41	0.72
CRH380A	1:1.3	148.2	71.2	94.5	0.48	0.75
合计	—	—	—	92.6	0.51	0.78

a. CRH1A　　　　　　　b. CRH2C　　　　　　　c. CRH380A

图5-15 高速列车各车型餐车厨房照明实测情况

5.3.1.11 高速列车卧铺车客室照度水平及分布分析

通过CRH1E车型卧铺车客室相关测点实测数据分析发现：CRH1E车型卧铺车客室平均照度为130.7 lx，该车型卧铺车客室的照度均匀度均差值虽然大于0.70，但其照度均匀度极差值小于0.7，说明该车型卧铺车客室的照明布局存在问题。根据实际调查得知多是由于卧铺包厢照明侧壁布局造成，需要改进照明方式和布局，如表5-20、图5-16所示。

表5-20 高速列车卧铺车客室照度水平及分布

车型	照度值 / lx			照度均匀度	
	最大值	最小值	照度平均值	极差U_1	均差U_2
CRH1E	207.6	96.0	130.7	0.46	0.73
合计	—	—	130.7	0.46	0.73

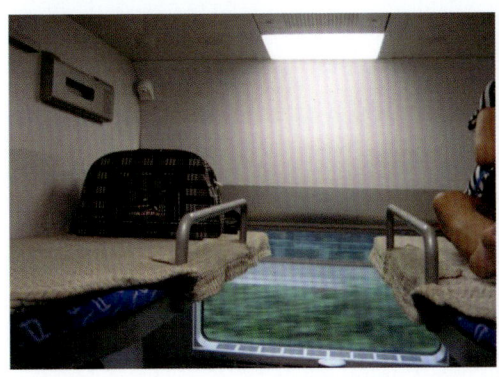

a　　　　　　　　　　　　　　　　b

图5-16 高速列车卧铺车客室照明实测情况

5.3.1.12 高速列车各类客室整体平均照度及均匀度分析

表5-9、表5-18、表5-20中各车厢类型的合计照度平均值和均匀度表明，我国现行高速列车各类客室的整体平均照度为143.7 lx，均匀度为极差0.67、均差0.82；高速列车座席车客室整体平均照度为164.4 lx，均匀度为极差0.78、均差0.85；高速列车餐车餐室整体平均照度为136.1 lx，均匀度为极差0.77、均差0.88；高速列车卧铺车客室整体平均照度为130.7 lx，均匀度为极差0.46、均差0.73。如表5-21所示。

这些数据说明我国现行高速列车各类客室照明照度在150 lx左右，照度均匀度整体情况良好，均大于0.70，但卧铺车客室的照度均匀度极差远低于0.70，表明我国现行高速列车卧铺车客室照明布局设计有待改进。

表5-21 高速列车各类客室整体平均照度及均匀度

车型	各类客室照度平均值 / lx	各类客室照度均匀度	
		极差 U_1	均差 U_2
座席车	164.4	0.78	0.85
餐车餐室	136.1	0.77	0.88
卧铺车	130.7	0.46	0.73
各类客室整体照度平均值合计	143.7	0.67	0.82

5.3.1.13 高速列车各类附属配室整体平均照度及均匀度分析

表5-13、表5-14、表5-15、表5-16、表5-17、表5-19中各附属配室类型的合计照度平均值和均匀度表明，我国现行高速列车各类附属配室的整体平均照度为98.2 lx，均匀度为极差0.72、均差0.84；高速列车通过台整体平均照度为103.6 lx，均匀度为极差0.77、均差0.85；高速列车小走廊整体平均照度为150.3 lx，均匀度为极差0.92、均差0.97；高速列车卫生间整体平均照度为：63.2 lx，均匀度为极差0.67、均差0.77；高速列车洗脸室整体平均照度为：78.5 lx，均匀度为极差0.57、均差0.70；高速列车乘务室整体平均照度为：101.1 lx，均匀度为极差0.87、均差0.94；高速列车餐车厨房整体平均照度为：92.6 lx，均匀度为极差0.51、均差0.78。如表5-22所示。

这些数据说明我国现行高速列车各类附属配室照明照度在100 lx左右，照度均匀度整体情况良好均能大于0.70，但卫生间、洗脸室和餐车厨房的照度均匀度极差值均低于0.70，表明我国现行高速列车的这些附属配室照明布局设计有待改进；同时通过台和小走廊这些短暂性视觉空间的照度反而比卫生间、洗脸室和餐车厨房这些作业视觉空间的照度高，特别是餐车厨房这种精细化作业的视觉空间的照度偏低，表明我国现行高速列车相关附属配室空间的照明照度配给设计需要改进。

表5-22 高速列车各类附属配室整体平均照度及均匀度

车型	各类附属配室照度平均值 / lx	各类附属配室照度均匀度	
		极差U_1	均差U_2
通过台	103.6	0.77	0.85
小走廊	150.3	0.92	0.97
卫生间	63.2	0.67	0.77
洗脸室	78.5	0.57	0.70
乘务室	101.1	0.87	0.94
餐车厨房	92.6	0.51	0.78
配室整体照度平均值合计	98.2	0.72	0.84

5.3.2 高速列车各车型实测有关表面反射比系数分析

5.3.2.1 CRH1A车型实测有关表面反射比系数分析

从表5-24中可以看出：CRH1A车型的浅灰色地板反射比为0.35，浅灰色小桌板反射比为0.48，符合CIE标准《室内工作场所照明》（S 008/E-2001）中对室内各表面反射比的规定，如表5-23所示。该车型座椅蓝黑色织物靠背反射比为0.12、座椅白色枕巾反射比为0.40，反射比均较低，不影响车厢整体视觉舒适度。

表5-23 CIE标准《室内工作场所照明》（S 008/E-2001）中工作房间表面反射比规定

表面名称	反射比
顶棚	0.6～0.9
墙面	0.3～0.8
地面	0.1～0.5
作业面	0.2～0.6

表5-24 CRH1A车型实测有关表面反射比系数

表面名称	材料	颜色	反射比
地板	阻燃橡胶	浅灰色	0.35
小桌板	阻燃工程塑料	浅灰色	0.48
座椅靠背	阻燃织物	蓝黑色	0.12
座椅枕巾	阻燃织物	白色	0.40
纱窗透射率	阻燃织物	灰白色	0.92

5.3.2.2 CRH2C车型实测有关表面反射比系数分析1

从表5-25中可以看出：CRH2C车型的中灰色地板反射比为0.05，中灰色小桌板反射比为0.08，相较CIE标准《室内工作场所照明》（S 008/E-2001）中对室内各表面反射比的规定而言反射比偏低。

表5-25 CRH2C车型实测有关表面反射比系数1

表面名称	材料	颜色	反射比
地板	阻燃橡胶	中灰色	0.05
小桌板	阻燃工程塑料	中灰色	0.08
侧墙板	阻燃工程塑料	浅灰色	0.33

5.3.2.3 CRH2C车型实测有关表面反射比系数分析2

从表5-26中可以看出：CRH2C车型的灰黑色地板反射比为0.14，灰白色顶棚反射比为0.66，象牙白侧墙面上部反射比为0.51，符合CIE标准《室内工作场所照明》（S 008/E-2001）中对室内各表面反射比的规定；其中银灰色亚光挂钩反射比为0.63，虽然反射比偏高，但是因为顶棚与侧墙面反射比也为0.60左右，所以可以保证视觉舒适。

表5-26 CRH2C车型实测有关表面反射比系数2

表面名称	材料	颜色	反射比
地板	阻燃橡胶	灰黑色	0.14
顶棚	ABS合金阻燃材料	灰白色	0.66
侧墙面上部	ABS合金阻燃材料	象牙白	0.51
侧墙面下部	ABS合金阻燃材料	灰黑色	0.08

续表5-26

表面名称	材料	颜色	反射比
车端门上部	磨砂不锈钢材料	铁灰色	0.16
车端门下部	阻燃工程材料	灰褐色	0.26
车端门包裹条	铝合金材料	灰白色	0.26
挂钩（亚光）	阻燃工程材料	银灰色	0.63
座椅内侧面料	阻燃织物	暗红色	0.03
座椅扶手表面	阻燃工程塑料	中灰色	0.11
座椅外侧表面	阻燃仿皮材料	蓝灰色	0.08
纱窗透射率	阻燃织物	灰白色	0.12

5.3.2.4 CRH380A车型实测有关表面反射比系数分析

从表5-27中可以看出：CRH380A车型的中灰色地板反射比为0.03，中灰色小桌板反射比为0.07，浅灰色侧墙面反射比为0.28，相较CIE标准《室内工作场所照明》（S 008/E-2001中）对室内各表面反射比的规定来说反射比偏低。

表5-27 CRH380A车型实测有关表面反射比系数

表面名称	材料	颜色	反射比
地板	阻燃橡胶	中灰色	0.03
小桌板	阻燃工程塑料	中灰色	0.07
侧墙面	ABS合金阻燃材料	浅灰色	0.28

高速列车室内相关表面反射比的测量是为了保证旅客视野内亮度的分布能控制在其眼睛能够适应的水平上。高速列车室内相关表面在旅客视野中的不同亮度分布也容易影响其视觉舒适度，因此高速列车室内照明设计应当避免由于车内过高或过低的亮度对比引起旅客眼睛不断地适应调节所产生的视觉疲劳。

综上所述，我国现行高速列车照明水平情况和存在的相关问题如下：

（1）我国现行高速列车各类客室照明照度在150 lx左右，除卧铺车客室外照度均匀度整体情况良好，极差和均差均能大于0.70，而卧铺车客室的照度均匀度极差远低于0.70，表明我国现行高速列车卧铺车客室照明布局设计有待改进。

（2）我国现行高速列车各类附属配室照明照度在100 lx左右，大部分附属配室的照度均匀度良好，极差和均差均能大于0.70，但卫生间、洗脸室和餐车厨房的照度均匀度极差值均低于0.70，表明我国现行高速列车的这些附属配室照明布局设计有待改进；同时通过台和小走廊这些短暂性视觉空间的照度反而比卫生间、盥洗室和餐车厨房这些作业视觉空间的照度高，特别是餐车厨房这种精细化作业的视觉空间的照度偏低，表明我国现行高速列车相关附属配室空间的照明照度配给设计需要改进。

（3）CRH1A车型座席客室的整体照度水平过低达不到实际使用的照度需求；不同空间照明转换设计存在问题；小走廊的照度过高，照明设计存在问题；卫生间照度与其所属车型的座席客室照度比为1∶3.3，小于1∶2，容易引起眩光和明暗适应困难等问题，达不到正常的视觉要求，其照明设计存在问题；盥洗室的照度均匀度极差值和均差值均小于0.70，在照明方式和布局上还需要改进，盥洗室的照明设计照度值较低，需要改进，以防止眩光和明暗适应困难的产生；餐车厨房的照度均匀度极差值均小于0.70，说明该车型的餐车厨房的照明布局存在问题，需要改进照明方式和布局，餐车厨房的照度平均值过低，达不到餐车厨房烹饪的视觉需要，需要提升照度平均值。

（4）CRH2C车型的卫生间照度与其所属车型的座席客室照度比为1∶2.6，小于1∶2，容易引起眩光和明暗适应困难等问题，达不到正常的视觉要求，其照明设计存在问题；盥洗室的照明设计照度值较低，需要改进，以防止眩光和明暗适应困难的产生；乘务室照度与其所属车型的座席客室照度比小于1∶2，说明该车型乘务室照度稍低或者座席客室照度稍高，需要改进；餐车厨房的照度均匀度极差值小于0.70，说明该车型的餐车厨房的照明布局存在问题，需要改进照明方式和布局。

（5）CRH380A车型座席客室的照度均匀度极差值和均差值均小于0.70，照明方式与布局存在一些问题；卫生间照度与其所属车型的座席客室照度比为1∶2.3，小于1∶2，容易引起眩光和明暗适应困难等问题，达不到正常的视觉要求，列车卫生间照明设计存在问题；盥洗室的照度均匀度极差值和均差值均小于0.70，在照明方式和布局上还需要改进，盥洗室的照明设计照度值较低，需要改进，以防止眩光和明暗适应困难的产生；餐车厨房的照度均匀度极差值小于0.70，说明该车型的餐车厨房的照明布局存在问题，需要改进照明方式和布局。

5.4 本章小结

本章通过对目前中国运行的CRH1A、CRH1E、CRH2C、CRH380A四种高速列车车型的室内照明环境状况及其相关因素进行调查和实地测量，获取了相关的照明客观物理参数信息，在实测中获取被测车型室内照明的照度平均值、照度均匀度平均值及相关表面反射比系数值。对各车型的实测照度、均匀度及反射比进行了统计处理和分析，找出了目前我国高速列车照明环境的现状及存在的相关问题。

实测结果表明，目前我国现行高速列车各类客室照明照度在150 lx左右，除卧铺车客室外照度均匀度整体情况良好，极差值和均差值均能大于0.70，而卧铺车客室的照度均匀度极差远低于0.70，表明我国现行高速列车卧铺车客室照明布局设计有待改进；我国现行高速列车各类附属配室照明照度在100 lx左右，大部分附属配室的照度均匀度良好，均能大于0.70，但卫生间、盥洗室和餐车厨房的照度均匀度极差值均低于0.70，表明我国现行高速列车的这些附属配室照明布局设计有待改进；同时通过台和小走廊这些短暂性视觉空间的照度反而比卫生间、盥洗室和餐车厨房这些作业视觉空间的照度高，特别是餐车厨房这种精细化作业的视觉空间的照度偏低，表明我国现行高速列车相关附属配室空间的照明照度配给设计需要改进。

这些实测结果的客观评价分析为后面一章结合第4章的"乘客对高速列车室内照明环境感受的主观评价"进行分析提供了客观评价依据和参考，使本书做到主客观分析的统一。

思考练习

1. 我们对产品或空间环境的物理参数了解吗？我们如何科学地去了解它们？
2. 选择某一产品或空间环境，分析其影响使用者的重要因素有哪些？
3. 针对某一产品或空间环境，进行相关因素指标的科学测量，并分析实测数据。

推荐书目

[1] 国家标准局.照明测量方法（GB/T 5700—2008）[S].北京：中国标准出版社，2008.

[2] 国家标准局.建筑照明设计标准（GB50034—2004）[S].北京：中国建筑工业出版社，2004.

[3] 国家标准局.建筑采光设计标准（GB/T 50033—2001）[S].北京：中国建筑工业出版社，2001.

[4] 国家标准局.铁道客车照明设计基本参数（GB/T 12815-91）[S].北京：中国标准出版社，1992.

[5] 国家标准局.视觉环境评价方法（GB/T 12454-2008）[S].北京：中国标准出版社，2008.

[6] 国家标准局.铁路旅客列车室内照明度测量方法（TB 2142-90）[S].北京：中国标准出版社，1990.

[7] 国家标准局.铁路旅客列车室内照明卫生要求（TB 2141-90）[S].北京：中国标准出版社，1990.

[8] 国家标准局.城市轨道交通照明（GB/T 16275-2008）[S].北京：中国标准出版社，2008.

[9] 国家标准局.色度学用CIE标准照明体（GB/T 20146-2006/CIE S 005:1999）[S].北京：中国标准出版社，2006.

[10] 国家标准局.装饰照明用LED灯（GB/T 24909-2010）[S].北京：中国标准出版社，2010.

[11] 国家标准局.灯的控制装置 第6部分：公共交通运输工具照明用直流电子镇流器的特殊要求（GB 19510.6-2005/IEC 61347-2-5:2000）[S].北京：中国标准出版社，2005.

[12] 国家标准局.应急照明灯具安全要求（GB 7000.2-1996/IEC 598-2-22）[S].北京：中国标准出版社，1996.

第6章
中国高速列车室内照明设计改进建议

6.1 高速列车室内照明问卷调查结果与实测数据比较分析

根据本书第4章对我国现行高速列车室内照明的问卷调查结果，采用语义差异量表的计算方法，计算乘客在每一个二级因素单纯陈述的平均分可知：C02_1乘客辨认本问卷上"小四号"的模糊程度、C02_2乘客辨认本问卷上"小四号"的眩光程度、C01_3列车环境总印象的杂乱程度、C04_1车厢顶棚和墙体的刺眼程度、C09_2过道照明的安全程度、C03_4本节车厢照明的面部模糊和C01_4列车环境总印象的局促程度这7个二级因素的评价得分均值都超过了1.00，说明乘客对这7个二级因素的评价良好。而C07_1盥洗室照明的眩光程度、C10_2小桌板局部照明的公共程度、C07_2盥洗室照明的暗淡程度、C01_2列车环境总印象的朴实程度、C05_3灯具自身的装饰程度、C06_2卫生间照明的狭长程度和C03_2本节车厢照明的疲倦程度这7个二级因素的评价得分均值都低于0.50，说明这7个二级因素有待今后在高速列车照明设计中改进和提升，这些乘客感受的二级因素所对应的照明物理参数为"眩光""照度""空间"。

根据语义差异量表的计算方法，将对于不同评价的一级因素的评分进行比较可知：乘客对辨认本问卷上"小四号"文字、过道照明感受因素、车厢顶棚和墙体视觉感受因素的评价较好，评价得分均值都超过了1.00；而乘客对洗脸室照明感受因素和卫生间照明感受因素的评价较差，评价得分均值都在0.50以下，说明这两个一级因素的照明环境有待改善和提高。

通过本书第5章对我国现行的高速列车室内照明的实测数据分析可知：我国现行高速列车各类客室照明照度在150 lx左右，除卧铺客室外照度均匀度整体情况良好，表明我国现行高速列车卧铺车客室照明布局设计有待改进。我国现行高速列车各类附属配室照明照度在100 lx左右，大部分附属配室的照度均匀度良好，但卫生间、盥洗室和餐车厨房的照度均匀度较差，这些附属配室照明布局设计有待改进；同时通过台和小走廊这些短暂性视觉空间的照度反而比卫生间、盥洗室和餐车厨房这些作业视觉空间的照度高，特别是餐车厨房这种精细化作业的视觉空间的照度偏低，表明我国现行高速列车相关附属配室空间的照明照度配给设计需要改进。CRH1A车型座席客室的整体照度水平过低达不到实际使用的照度需求；不同空间照明转换设计存在问题；小走廊的照度过高；卫生间照度与其所属车型的座席客室照度比为1∶3.3，小于1∶2，容易引起眩光和明暗适应困难等问题，达不到正常的视觉要求；盥洗室的照度均匀度极差值和均差值均小于0.70，洗脸室在照明方式和布局上还需要改进，盥洗室的照明设计照度值较低，需要改进，以防止眩光和明暗适应困难的产生；餐车厨房的照度均匀度极差值均小于0.70，说明该车型的餐车厨房的照明布局需要改进，餐车厨房的照度平均值过低，达不到餐车厨房烹饪的视觉需要，需要提升照度平均值。CRH2C车型的卫生间照度与其所属车型的座席客室照度比为1∶2.6，小于1∶2，容易引起眩光和明暗适应困难等问题，达不到正常的视觉要求；盥洗室的照明设计照度值较低，需要改进，以防止眩光和明暗适应困难的产生；乘务室照度与其所属车型的座席客室照度比小于1∶2，说明该车型乘务室照度稍低或者座席客室照度稍高，需要改进；餐车厨房的照度均匀度极差值均小于0.70，说明该车型的餐车厨房的照明方式和布局需要改进。CRH380A车型座席客室的照度均匀度极差值和均差值均小于0.70，照明方式与布局存在一些问题；卫生间照度与其所属车型的座席客室照度比为1∶2.3，小于1∶2，容易引起眩光和明暗适应困难等问题，达不到正常的视觉要求，列车卫生间照明设计存在问题；盥洗室的照度均匀度极差值和均差值均小于0.70，洗脸室在照明方式和布局上还需要改进，洗脸室的照明设计照度值较低，需要改进，以防止眩光和明暗适应困难的产生；餐车厨房的照度均匀度极差值均小于0.70，说明该车型的餐车厨房的照明方式和布局需要改进。

通过第4章的我国现行高速列车室内照明问卷调查的主观评价结果与第5章的基于实测物理参数的高速列车室内照明环境客观检测评价结果比较分析可以看出：

（1）我国高速列车盥洗室与卫生间的照明是主客观评价中反映问题比较突出的项目，这些空间在照度、照度均匀度及眩光的处理以前没有得到很好的重视，而这些小空间照明恰恰是造成乘客心理压抑感、局促感与恐惧感的重要因素，这些都需要在今后高速列车照明设计中加以重视和提升。

（2）卧铺车客室的照度均匀度极差值远低于0.70，表明我国现行高速列车卧铺车客室照明布局设计有待改进。

（3）通过台和小走廊这些短暂性视觉空间的照度反而比卫生间、盥洗室和餐车厨房这些作业视觉空间的照度高，常常使客室车厢的乘客的眼睛不断产生明暗适应调节造成视觉疲劳，这说明我国现行高速列车相关附属配室空间的照明照度配给设计需要改进。

（4）一些车型的整体车厢照明照度与附属配室空间照明照度偏低，达不到实际照明的需要，同时不同车厢空间照明的照度比过小，容易引起眩光和明暗适应困难等问题。

（5）我国高速列车在应急照明设计上还有待改进和提升。

6.2 良好的高速列车室内光环境

高速列车室内空间的光环境包括天然采光和人工照明。通过自然环境中的天然光源形成的高速列车室内光环境是天然采光环境；通过人工制造的光源形成的高速列车室内光环境是人工照明环境。高速列车室内空间合理的采光和照明，对列车运营效率、安全与卫生都有重要意义。良好的高速列车室内光环境主要通过改善乘客的视觉条件（照明生理感受）和改善乘客的视觉环境（照明心理感受）来达到乘车环境的舒适性。如图6-1、图6-2所示。

高速列车室内照明的目的分为以功能为主的"明视照明"和以舒适感为主的"气氛照明"。明视照明与乘客在高速列车室内空间的视觉活动关系密切，而气氛照明与高速列车室内照明环境舒适性的关系很大。

良好的高速列车室内光环境与乘客的行为活动密切相关，乘客乘坐高速列车主要行为活动分为以下几个阶段：

6.2.1 熟悉阶段

乘客进入车门的那一刻就已经进入了高速列车照明环境中了，此时乘客的主要行为是：找寻自己的位置和尽快安放好自己的行李。高速列车照明环境在这一阶段主要是保证乘客能很方便地寻找到自己的位置，其他一切干扰乘客此时主要行为的光源和照明都属于光线噪音。现有高速列车此阶段的照明问题：座位号牌寻找不明确，建议座位号牌用光色提示。

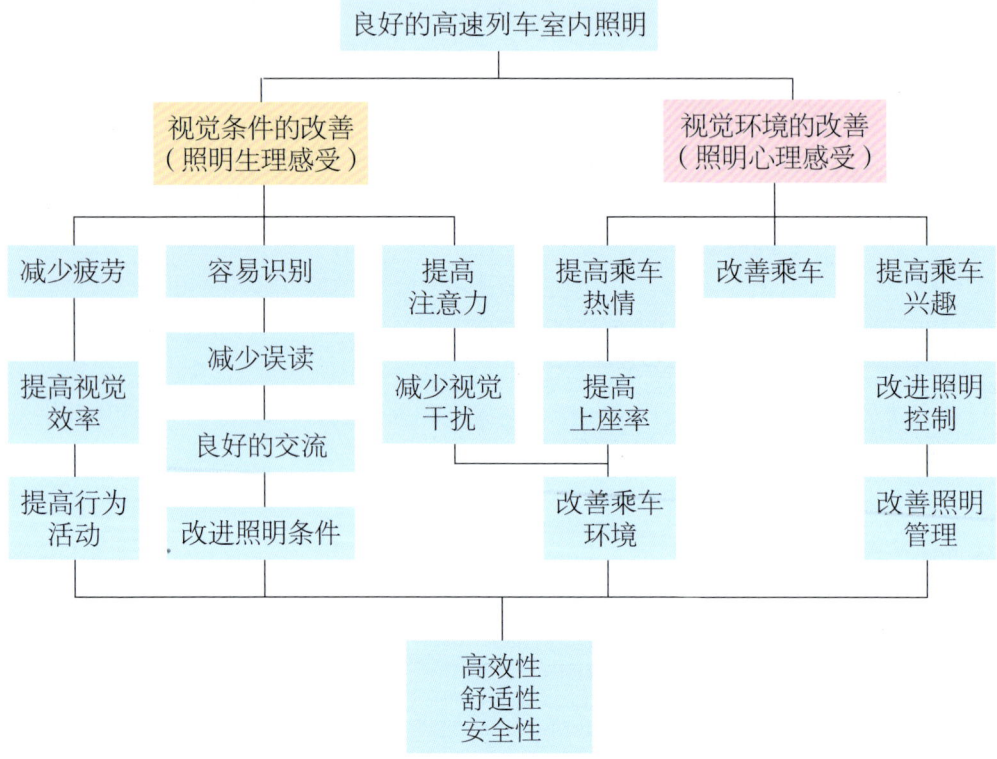

图6-1 良好的高速列车室内照明分析框架图

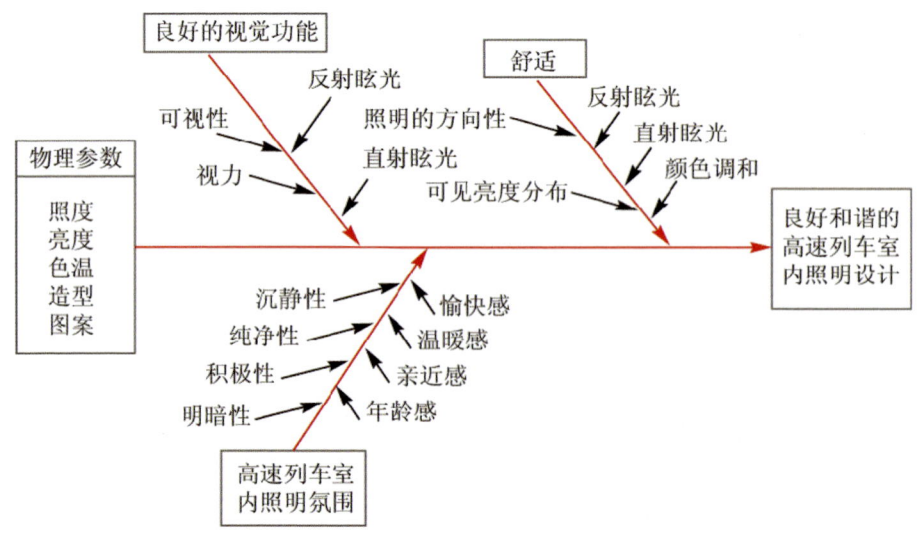

图6-2 良好和谐的高速列车室内照明设计相关因素分析

6.2.2 活动阶段

此阶段乘客的主要行为内容为：

个人行为：浏览杂志、报刊和书籍，吃零食喝饮料，笔记本上网，玩手机。

互动行为：打扑克、下棋、与周围乘客聊天。

现有高速列车此阶段的照明问题：客室照明照度与其他附属空间照明照度分配不合理。

6.2.3 休息阶段

此阶段乘客的主要行为内容是：上卫生间、洗漱、闭眼小憩。高速列车照明环境在这一阶段主要是为了保证乘客上卫生间和洗漱的行为得到满足，同时在灯光照度上尽可能满足乘客小憩时中低照度照明的生理与心理需求。现有高速列车此阶段的照明问题：卫生间顶棚的四角筒灯易产生直接眩光和照度均匀度低，由于卫生间空间较小，照度均匀度低，易使人产生压抑恐惧的心理。

6.2.4 即将到站准备阶段

此阶段乘客的主要行为内容是：四周环视车厢、收拾行李、向列车出口靠拢。高速列车照明环境在这一阶段主要保证乘客离车行为得到照明保证。

乘客对列车照明的升级需求，这里的升级需求不仅仅是照明物理参数和技术的升级，更重要的是对照明氛围的营造，随着我国高速列车服务有逐渐向航空服务业看齐的趋势，乘客得到高层次的乘车环境和服务需求越来越受到关注。

6.3 中国高速列车室内照明设计改进建议

6.3.1 照明方式与照明种类的选择建议

照明方式与照明种类如图6-3所示。高速列车室内各功能空间应该设置一般照明；同一节车厢的不同功能区域有不同照度需求时，应该采用分区一般照明的方式；对于盥洗室、餐车、卧铺包间、乘务室等相关工作面照度要求较高的区域，宜采用混合照明；在高速列车室内空间中不应只采用局部照明；客室空间、餐车空间等相对较大的车内空间场所应考虑一级照明、二级照明与三级照明的合理分配。

高速列车的主要客室与附属配室空间区域均应设置正常照明；高速列车室内正常照明因一般故障熄灭后，应该设置备用照明；高速列车室内正常照明因重大故障熄灭后，需要确保处在诸如客室、餐车厨房、卫生间、盥洗室等区域乘客的安全，应该设置安全照明；高速列车室内正常照明因特大故障熄灭后，确保乘车人员安全疏散的列车过道和通过台，应该设置疏散照明。

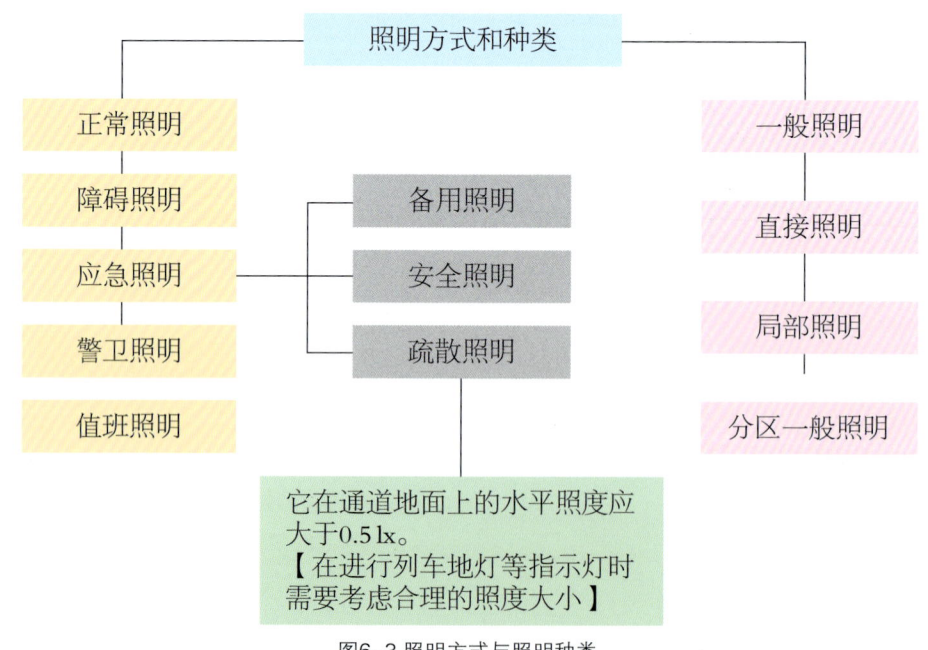

图6-3 照明方式与照明种类

6.3.2 物理照度值同视照度值的协调与选择建议

在进行高速列车室内照明设计时,需要根据列车运行地域环境的污染特征和灯具的擦拭次数来选定相适应的维护系数,结合《建筑照明设计标准》(GB 50034-2004)对灯具维护系统的规定,建议我国高速列车室内照明设计灯具的维护系数如表6-1所示。

表6-1 中国高速列车室内照明设计灯具维护系数

环境污染特征	车厢或空间举例	灯具最少擦拭次数(次/年)	维护系数值
清洁	乘务室、餐车餐室、卧铺包间、配电室	2	0.80
一般	座车客室、通过台、小走廊	2	0.70
污染严重	餐车厨房、卫生间、洗脸室	3	0.60

目前我国各类型列车座车车厢多以青年人为主、卧铺车厢多以中老年人为主。从视觉生理的特点来看,随着年龄的不断增长,眼睛的视觉功能也有相应的下降,尤其在40岁以后视觉衰退较为严重,所以进行阅读时的照明照度需要相应地提高。而这一年龄层次的人群购买力相对较强,有足够的财力来乘坐相对较为舒适的VIP包间、一等座车或卧铺车厢,因此这些人群相关的区域空间照明照度值可以相应地提高一些。

研究高速列车室内照明设计的照度值,必须参考高速列车室内照明环境与乘车人员视觉特点,并对我国高速列车建设的发展水平及其他相关信息进行综合考虑。本书研究结果表明:

(1)列车客室平均照度值达到164.4 lx时,乘客感受较为满意。然而我国对照明照度分级的相关规定,只有0.5 lx、1 lx、3 lx、5 lx、10 lx、15 lx、20 lx、30 lx、50 lx、75 lx、100 lx、150 lx、200 lx、300 lx、500 lx、750 lx、1 000 lx、1 500 lx、2 000 lx、3 000 lx、5 000 lx的分级级别,并无164 lx这个级别,因此提出以150 lx为我国高速列车室内客室照明照度建议值是合理的。

(2)由于VIP包间、一等座车及卧铺车厢中老年人乘客较多,配置卧铺车厢的线路有较长的乘坐时间,此类乘客由于旅途劳顿更容易导致视觉疲劳的产生,建议在此环境阅读时的照明照度应提高到200 lx以上,这一点可通过配置VIP座椅阅读灯、一等座车阅读灯和卧铺车床头灯等重点照明来实现。

（3）餐车餐室是为乘车人员提供用餐环境的场所，这个环境空间的照明效果需要展现出菜肴的美味可口和光鲜卖相，进一步提高旅途中乘车人员的食欲，建议餐车餐室桌面平均照度值需要比客室提高一级照度（即200lx），可通过餐车顶灯与壁灯结合的混合照明来实现。餐车厨房实测的平均照度值为92.6lx，照度平均值过低，达不到餐车厨房烹饪的视觉需要，需要提升照度平均值，建议餐车厨房照度平均值为150lx。

（4）乘务室、播音室、列车长室和配电室等视觉区域，由于需要进行较为精细的视觉活动，所以其照度平均值比客室提高一级（200lx）。

（5）盥洗室、卫生间、通过台与小走廊的照度值是按照《铁道客车照明设计基本参数》（GB/T 12815-91）中2.2节规定的比例和实际测量值综合考虑提出的。

（6）LED阅读灯在强光档位（阅读模式）时距离光源表面基准轴400 mm处的照度应不小于150lx，在弱光档位（弱光模式）时离光源表面基准轴400 mm处的照度应不小于20～50lx，建议采用可连续调光的LED阅读灯。

综上所述，本书建议的照度值均为作业面或参考平面上的平均照度值，同时结

表6-2 中国高速列车室内照明设计照度建议值

照明空间	参考平面及其高度	平均照度建议值（lx）		Ra（显色指数）
		一般照明	混合照明	
二等座车	每个座位纵向中心线，距靠背前方0.6 m，距地板面0.8 m处	150		80
一等座车、VIP包间、观光区	每个座位纵向中心线，距靠背前方0.6 m，距地板面0.8 m处	150	200	80
卧铺车厢	两铺长度中心线与两铺之间中线的交点、走廊纵向中心线与两铺之间中线的交点距地板面0.8 m处	150	200	80
餐车餐室	餐桌台面		200	80
餐车厨房	工作台面	150		80
盥洗室	房间中心位置距地板面1.5 m处	150		80
卫生间	房间中心位置距地板面1.5 m处	100		80
通过台	通过台中心，及两翻板中心上方距地板面0.8 m处	100		80
小走廊、卧铺侧走廊	沿走廊纵向中心线，两灯之间，距地板面0.8 m处	100		80
列车长室、乘务室、播音室	工作台面		200	80

合乘客视照度影响而得出的，如表6-2所示。

高速列车室内照明的照度均匀度是衡量照明质量的重要指标，"客室照度均匀度与光源及其功率无明显关系，而与灯具的布局是否合理密切相关"。本研究实地测量的各车型的照度均匀度大多数为0.7以上，少数区域均匀度较低需要改进。因此提出我国高速列车室内照明的照度均匀度建议值不低于0.7是可行的，与UIC和我国相关标准规定是接近的。

随着科学技术的发展，高速列车室内照明光源照度的发展趋势将会从固定光源照度向通过无极调控开关或列车室内外光线变化自动感应来调节车内光源照度发展，以为今后智能化高速列车的发展提供照明方面的支持。

6.3.3 光源色表与色温的选择和使用建议

高速列车室内照明光源色温的选择与车内环境色彩有密切的关系，车内其他物体表面颜色一旦确定，车内环境的光源色温就需要与其相配合，从而使高速列车室内整体环境统一协调。光源的色温存在着热感，这种感觉随着民族习惯和人类种族的变化有所不同。光源色温分为暖白色（<3 300 K）、中间色（3 300~5 300 K）和冷白色（>5 300 K），根据世界各地光源灯具销售情况来看，寒带、温带人群喜欢暖白色，热带人群喜欢冷白色。我国地域大多处于温带与寒温带地区，因此我国人民也较为喜欢暖白色光源，在进行高速列车室内照明设计时光源色温的选择可以以暖白色为主，目前我国现运行高速列车室内客室照明光源色温CRH2型车为3 500 K、CRH3型车为4 000~4 500 K。光源色温不仅存在着热感同时也能传递情感，一个良好的高速列车室内照明环境不仅要求具有舒适的可视照明，同时还需要提供氛围照明的环境，为车内整体环境营造一种温馨、舒适和轻松的乘车氛围。列车旅行是比较枯燥乏味的，常常令乘客身心疲惫，高速列车的高速度运行也为乘客带来一定的紧张感，车内光源色温的适度变化可以给乘客带来不同的视觉感受和乘车体验，从心理上调节乘客的乘车情绪。在列车旅途中，当乘客清晨起床，如何通过光线使旅客疲劳缓解和心情愉快？自然光线告诉了人们时间的转换与变化，而现如今大多数列车室内照明环境是静态的人工光。

高速列车室内照明光源色温的发展趋势将会从固定光源色温向与自然界生物钟相适应的光色变化自动感应来调节车内光源色温变化，使车内人工光源与车外自然光做到一定的同步和协调，形成列车室内灯光照明与列车室外光线影响的交互照明设计探索。如图6-4所示，中午是人们劳作的时间，中午的色温一般为5 000 K，而我们办公室的日光灯的色温为5 000 K至6 000 K，也是为了适应人类劳作时的生物钟，便于人们集中精力进行脑力或体力劳动。日落的时间是劳动后休息的时间，也是大家聚在一起吃晚饭的时间，正所谓"日落而息"，这时的色温一般为2 000 K，因此餐厅中的暖色色温多为此值。同时经过调研发现，目前我国高速列车餐车餐室所选用的光源色温过低，易造成昏暗的视觉效果，建议选用琥珀光的LED灯来进行照明。建议在列车灯光照明设计上考虑随季节气温变化的可调节光源色温的设计，使灯光照明更加人性化，通过调节乘客的视觉生理与心理感受来减轻旅行带来的烦躁情绪与疲劳程度。

图6-4 自然光一天中的色温变化（图片来源网络，作者收集整理）

从人类发现透过三棱镜可以将光分为赤橙黄绿青蓝紫七种光色到可见光的研究，人们发现自然光线中存在着不同的光线，不同的光线存在着不同的波长，而人类可见光的波长为400～700 nm，如图6-5所示。昆虫看不到红外线，但看得到紫外线和黄色光线，如图6-6所示，根据相关光学实验的结果，598 nm波长的光线昆虫几乎是不可见的，因此在进行高速列车室内照明设计用光时需要建议使用598 nm左右波长的荧光灯或LED灯。特别是列车餐车等卫生条件要求比较高的空间，需要考虑小昆虫及微生物趋光性的影响，这也是列车室内照明设计人性化的一种体现。

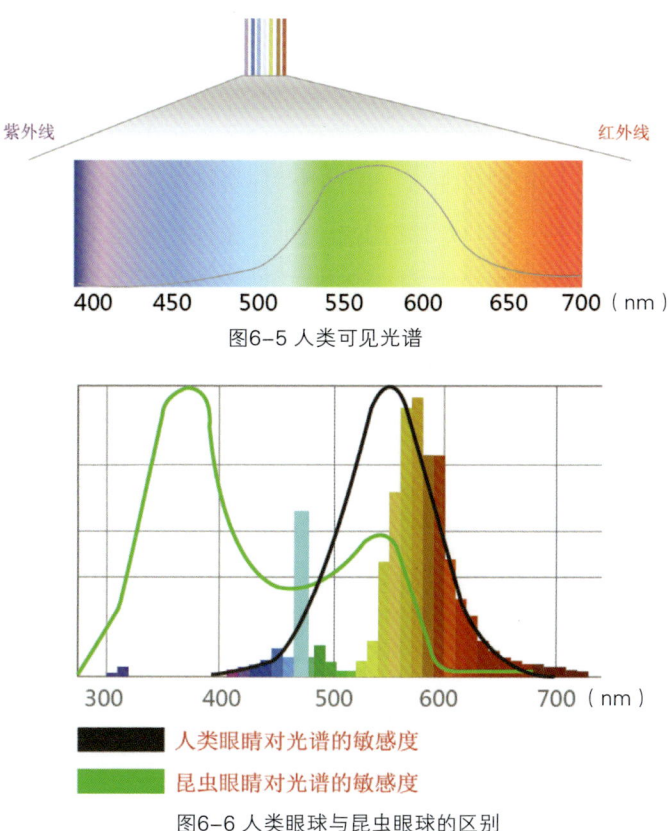

图6-5 人类可见光谱

图6-6 人类眼球与昆虫眼球的区别

在选择具体的色温时,可以根据CIE在1976年制定的色度图来进行选择,每一种色温对能通过对应的U-V值来得到,如图6-7所示。

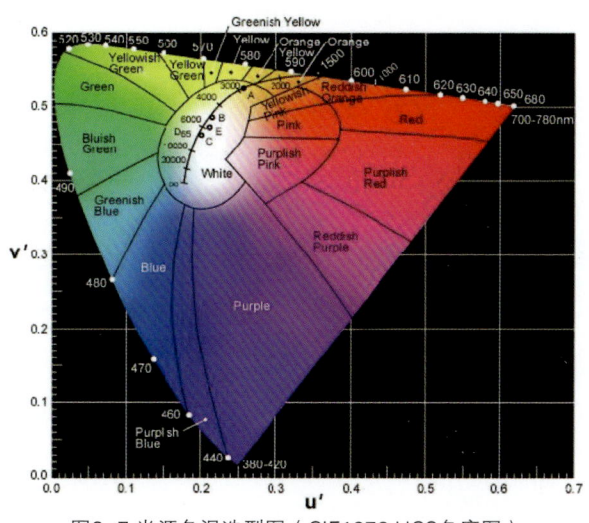

图6-7 光源色温选型图(CIE1976 UCS色度图)

需要注意的是受白光LED制造技术与生产工艺的限制，LED存在色差在所难免。从CIE1976 UCS色度图中可以看出，同一色温并不是对应唯一的点，行业中将生产出来的LED对应色标进行归纳分类，将肉眼看起来差别不明显的LED归类在一起。这样分选出来的LED在CIE1976 UCS色度图中对应了一个小小的区域，这个区域成为LED的色区。分选越严格，LED光源的色差越小，光色就越好，如图6-8所示。

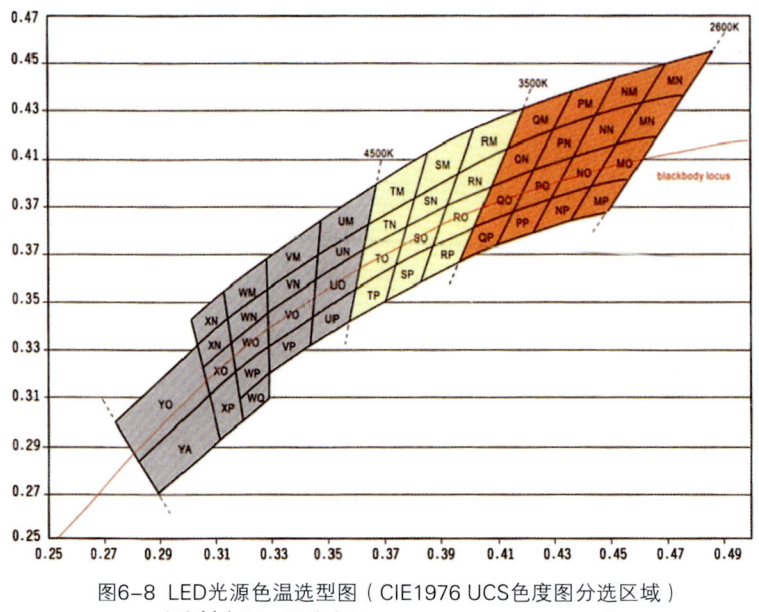

图6-8 LED光源色温选型图（CIE1976 UCS色度图分选区域）
（资料来源：图片来源http://www.pak.com.cn/）

6.3.4 列车室内各表面色彩与反射率的选择和建议

列车室内各材料表面色彩选择时必须要考虑光源色温的影响。我们常常只注重颜色，而忽略了其与光色的联系，而事实是没有光就没有色。我们关注的多是颜色的三原色（红、黄、蓝），它们混合之后为黑色，而忽视了光色的三原色（红、绿、蓝，也就是RGB），它们混合之后为白色。从颜色与光色各自三原色混合后的黑白互补关系不难看出两者之间的阴阳哲学关系，如图6-9所示，颜色在这里是"实阳"，是可以触摸的颜料，光色在这里是"阴虚"，是只能感知的光线。颜色与光色的相互作用产生了大自然的多姿多彩！高速列车室内照明环境是光源光色与列车室内各材料表面色彩共同作用形成的环境，列车室内各表面色彩的选择需要配合相应的光源光色才能达到良好的视觉效果。把前面高速列车室内照明环境照度建议结合图6-10中照度、色温与视觉舒适感的关系，可以得出：照度为100 lx时舒适的色温在2 400～3 400 K区间，照度为150 lx是舒适的色温在2 500～3 600 K区间，照度为200 lx时舒适的色温在2 600～4 000 K区间。

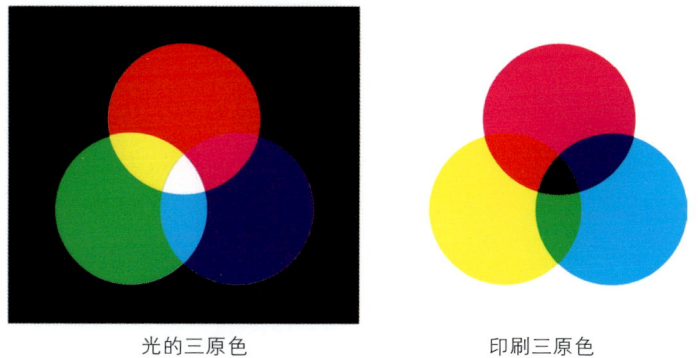

图6-9 光色与颜色的阴阳哲学关系

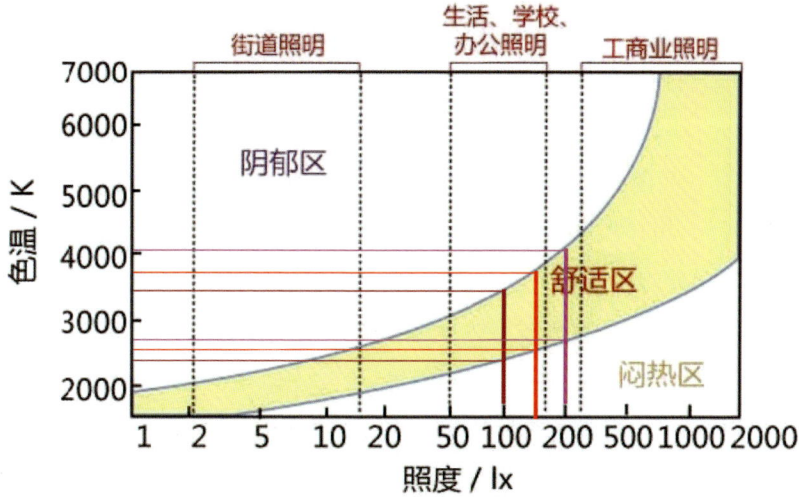

图6-10 照度、色温与视觉舒适感的关系

在高速列车室内主体光源照度和色温确定的情况下，列车室内各表面的色彩就可以相应配合选定了。由于列车室内光源色温多为暖色光，因此在选择列车室内各表面色彩时建议选择暖灰色系色彩或中性色彩、高明度和低饱和度色彩，从而保证列车室内照明环境的舒适、明亮、柔和。

列车室内各表面反射率的选择与其表面质感有很重要的关系，正如前面所说，列车室内顶棚的质感建议采用低反射率的粗糙表面，以防止眩光的产生。各种材料的表面质感与纹理色彩对表面反射系数有很大影响，相同材料相同色彩的表面纹理质感不同，其表面反射系数也不同。因此，在高速列车室内照明环境设计中应该先通过实际测量选用列车内部装饰材料的表面反射系数，再进行设计。相对来说，高速列车室内照明各表面反射系数应遵循表5-23中的规定。

6.3.5 照明控制系统的可微调性与适用范围建议

高速列车室内照明控制系统分为两种，一种是通过照明光源分组控制车厢内照明的照度与光源分布的系统，一般由司机室和乘务室控制；另一种是乘客可自行调节和控制的局部照明的系统，例如：座椅与卧铺床头阅读灯的微调控制、小桌板局部照明微调控制。列车的所有照明均由110 V直流电蓄电池系统供电。

随着科学技术的发展，高速列车室内照明控制系统的发展也将会从两极调控向无极智能调控发展，如图6-11所示。高速列车每个室内功能区域的照明和色温都能进行无极调控，而这一调控主要适用于中长途高速列车线路，通过照度与色温的调节来缓解乘客一定的视觉疲劳和心理疲劳。将来高速列车照明控制系统集成度也会提高。从过去的单功能的人-机（照明）单向交互到现在开放的分布式集成化高速列车照明系统，即人-机（照明）交互的同时机（照明）-机（司机室或乘务室固定控制显示终端）交互，而以后将形成开放的分布式集成化高速列车照明协同系统，即人-机（照明）交互、机（照明）-机（乘务员手持可移动照明控制显示终端）交互和人-人（乘务员、乘客）交互的三位一体物联网式交互，乘务员通过手持可移动照明显示终端设备，可实时了解列车室内照明情况，及时做出合适的反馈，形成照明界面交互设计的良好交流模式，如图6-12所示。

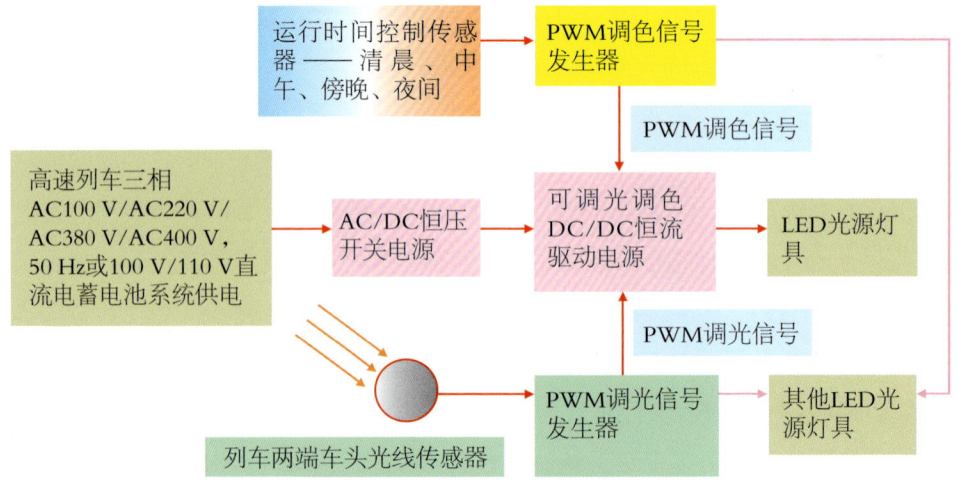

图6-11 LED光源灯具无极调光调色流程图

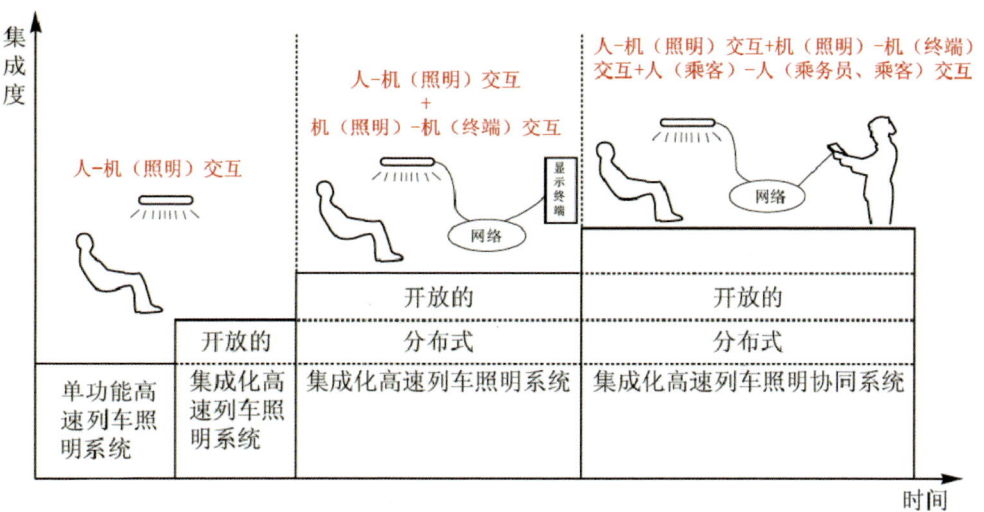

图6-12 高速列车室内照明控制系统预测

6.3.6 照明功能区间过渡的适应性建议

高速列车照明功能区间过渡的适应性主要是：列车进门口内外空间照度差异、列车室内各功能区域转换照度差异、列车进出隧道口照度差异三个方面。照明空间转换的照度差异与人的视觉明暗适应有很大的关系。当乘客从高照度环境进入低照度环境时，猛然间视物混沌模糊，通过一定时间的视觉调节适用后，逐渐辨别清楚环境的细节，这种视觉适应过程就形成了人类视觉的暗适应。在这一过程中乘客眼睛瞳孔逐渐放大，进入其眼睛的光通量逐渐增加，此时对于低照度刺激敏感的视觉杆状细胞也逐渐转入工作状态，因为视觉杆状细胞的适应性较弱，所以持续大约30 min整个视觉暗适应过程才会完全结束。相反地在视觉明适应过程中，乘客眼睛瞳孔缩小，进入其眼睛的光通量逐渐减少，同时进入工作状态的视觉锥状细胞数量增加，由于视觉锥状细胞对较强照度刺激较为敏感，因此乘客视觉适应能力较强，大约1 min后视觉明适应过程就趋于完善，如图6-13所示。人类眼睛的适应性是有限度的，其视野内明暗的急剧变化会导致视力的下降，同时不同照度的区域需要眼睛频繁地适应，容易产生视觉疲劳。为了满足乘客眼睛适应性的需要，列车室内各主要功能区域间的过渡照明需要进行考量和优化。表6-3所示为《城市轨道交通照明》（GB/T16275-2008）中"中国典型地区年平均漫射照度"，通过求平均值可知：中国区域年平均漫射照度为11 600 lx，而根据《城市轨道交通照明》（GB/T16275-2008）中附录E.4的规定，"入口处室内外亮度变化白天可按1∶10～1∶15考虑，夜间可按

2∶1～4∶1考虑，人行速度以0.7m/s考虑"，则可得出白天室内自然光年平均漫射照度为1 160～773 lx，那么白天高速列车室内照明环境照度为自然光年平均漫射照度1 160～773 lx加上客室建议平均照度值150 lx，即为1 310～923 lx。

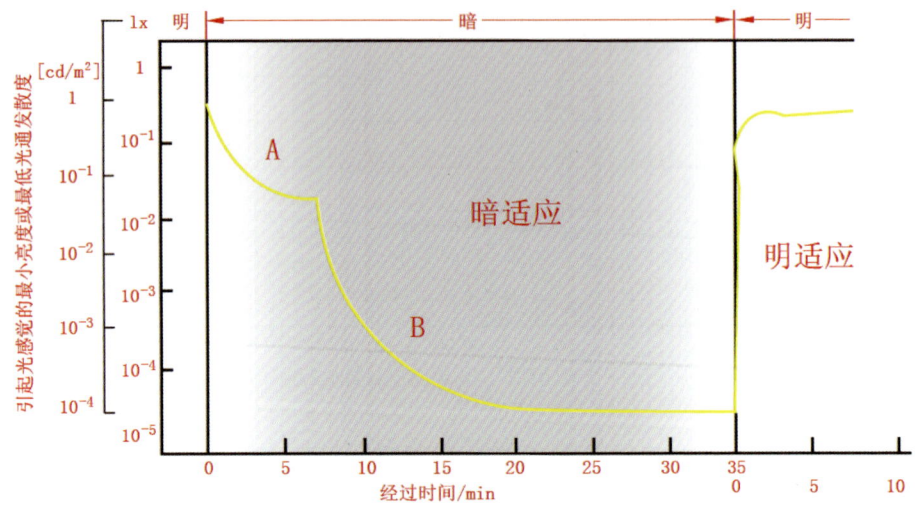

图6-13 明适应与暗适应人类视觉适应性耗时

表6-3 中国典型地区年平均漫射照度（GB/T16275-2008）

地名	漫射照度/klx	地名	漫射照度/klx	地名	漫射照度/klx
北京	11.7	上海	11.7	湛江	13.5
天津	11.7	徐州	12.6	桂林	12.3
张家口	11.0	南京	12.3	南宁	13.1
石家庄	12.0	合肥	12.3	成都	12.7
太原	11.5	福州	11.1	重庆	12.3
二连浩特	10.4	厦门	10.2	杭州	11.9
呼和浩特	9.4	南昌	12.5	昆明	11.8
沈阳	9.9	济南	12.3	海口	12.3
锦州	9.9	郑州	12.5	贵阳	11.2
大连	9.7	宜昌	12.2	青岛	11.9
长春	9.3	长沙	12.4	兰州	11.7
齐齐哈尔	9.2	武汉	13.0	西宁	11.8
哈尔滨	9.3	广州	13.7	西安	12.8
合计			中国区域年平均漫射照度为11.6 klx		

在设计高速列车室内过渡照明时应该考虑下面4个因素：

——高速列车室外亮度（照度）。通过本文前面分析可知：中国区域年平均漫射照度为11 600 lx。

——高速列车室内亮度（照度），通过本文前面分析可知：白天高速列车室内照明环境照度为1310～923 lx。

——根据高速列车室内外亮度（照度）差确定乘客明暗适应时间。

——根据适应时间、人行速度或高速列车运行速度确定所需距离的长度。

亮度与适应时间的关系按照《城市轨道交通照明》（GB/T16275-2008）附录中图E.1的规定进行，如图6-14所示。这样可以预算出列车进门口内外空间照度差异、列车室内各功能区域转换照度差异、列车进出隧道口照度差异三个方面的适宜过渡照明。本书主要解决进出隧道口时高速列车室内乘客对内外光环境照度变化的适应能力，解决照度差异产生的视觉疲劳问题。根据调查，造成乘客眼睛难以适应列车进出隧道口的明暗差异主要是因为乘客通过高速列车窗户看外界事物。但我们不能通过拉上窗帘来解决这个问题。高速列车内外光环境需要互通，这样就存在四种光环境的相互作用，即白天列车室外明环境（11 600 lx=6 960 cd/m²）、白天列车室内明环境（1 310 lx=786 cd/m²）、白天隧道内部暗环境（0 cd/m²）、白天隧道中列车室内明环境（150 lx=90 cd/m²），因此单靠调节高速列车室内光源照度是无法解决列车进出隧道口乘客眼睛适应性的问题的。

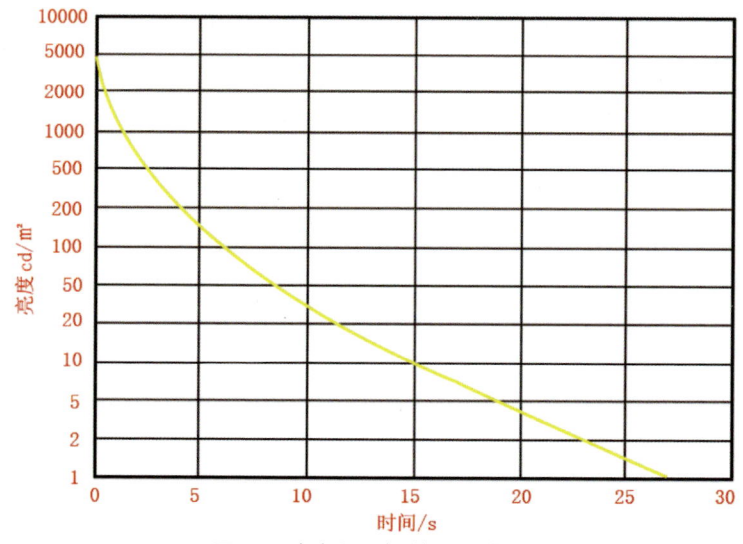

图6-14 亮度和适应时间关系曲线

因此，可在隧道两端的一定距离设置过渡照明以减少隧道内外光环境亮度差，使亮度可逐渐变化。这个距离以我国高速列车进入隧道限速临界值200 km/h（约56 m/s）结合亮度和适应时间关系曲线（图6-14）来计算，即白天列车室外明环境（11 600 lx=6 960 cd/m²）进入白天隧道内部暗环境（0 cd/m²）适应时间至少需要27 s，白天列车室内明环境（1 310 lx=786 cd/m²）进入白天隧道中列车室内明环境（150 lx=90 cd/m²）适应时间至少需要4.5 s，根据距离等于速度乘以时间可知：高速列车外部光环境适应所需距离为1 512 m、高速列车内部光环境适应所需距离为252 m，因此可以根据实际隧道长度在其两端1 512 m或252 m的距离设置过渡照明来降低明暗适应差异。这些隧道照明光源可设计为来车反馈式感应开闭以节约能源，如图6-15所示。

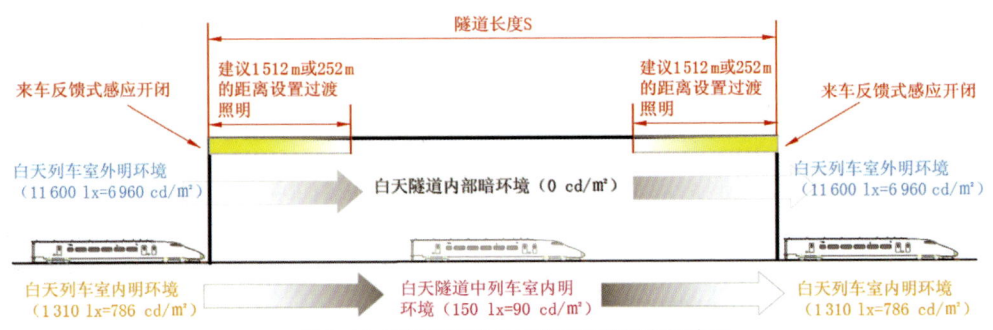

图6-15 高速列车进出隧道口明暗适应性建议

6.3.7 应急照明的改进建议

高速列车室内照明系统分为正常模式照明与应急模式照明，二者连为一体，即一些灯具被连接到电源上，既可用于正常模式照明，也可用于应急模式照明。应急模式照明指高速列车遇到故障停电时将自动打开车辆的应急照明灯，应急灯位于客室、进车口、卫生间和司机室，设计的应急照明功能须至少能持续2小时。针对当前的应急模式情况，笔者认为可在以下几方面改进。

建议高速列车室内照明环境设置地板应急地灯和墙下端应急脚灯，并以出口标志灯、指向标志灯和疏散照明灯的形式来设计。如果列车遇上火灾等事故，乘客需要低头或匍匐逃生，应急地灯与应急脚灯的设置可以确保烟雾环境中疏散通道被有效地辨认。同时，建议正常模式照明转换为应急模式照明的切换时间不应大于5.0 s，以保证紧急时刻危险系数降到最低。

建议高速列车室内照明系统中主照明电路与应急照明电路同时安装无极调光控制器，进一步使列车室内照明系统同步地节约电能，从而结束以前应急照明一直处在开启状态导致的电能浪费。紧急状态下，应急照明灯可通过旁路开关自动切换为独立工作状态，从而满足应急照明的需要。

建议高速列车室内紧急情况逃生照明系统，使用稀土长余辉发光材料设计蓄光发光疏散指示标牌。这样在正常行车时稀土长余辉发光材料通过室内灯光光源蓄光储能，在遇到特重大列车事故、应急照明损坏时，由稀土长余辉发光材料制成的疏散指示标牌自动无电发光，起到指示疏散作用，从而尽可能地保证乘车人员的人身安全。

6.3.8 照明光源的选择与灯具的设计建议

6.3.8.1 照明光源的选择建议

现有的照明光源类型如图6-16所示，我国高速列车室内照明光源的选择需要考虑高速度运行状态下列车本身的特点，光源需要具有耐震动性。白炽灯目前为逐渐淘汰产品；卤钨灯耐震动性差，不适合在高速列车这种有一定震动的环境中使用；低压钠灯、荧光高压汞灯、高压钠灯、金属卤化物灯等点燃时间过长，不适合高速列车上的需要。因此，在现运行的高速列车室内照明光源中，使用的光源类型为少量白炽灯、荧光灯、ELD灯和LED灯等，其中LED光源在轨道交通上的使用越来越多。LED作为高速列车室内照明光源，具有光效高、寿命长（连续工作时间为10 000 h以上）、节能高等特点，同时LED光源的色温可调节性强，可以为高速列车室内照明环境创造不同的照明氛围和视觉感受以缓解乘客乘车疲劳。因此，本书主

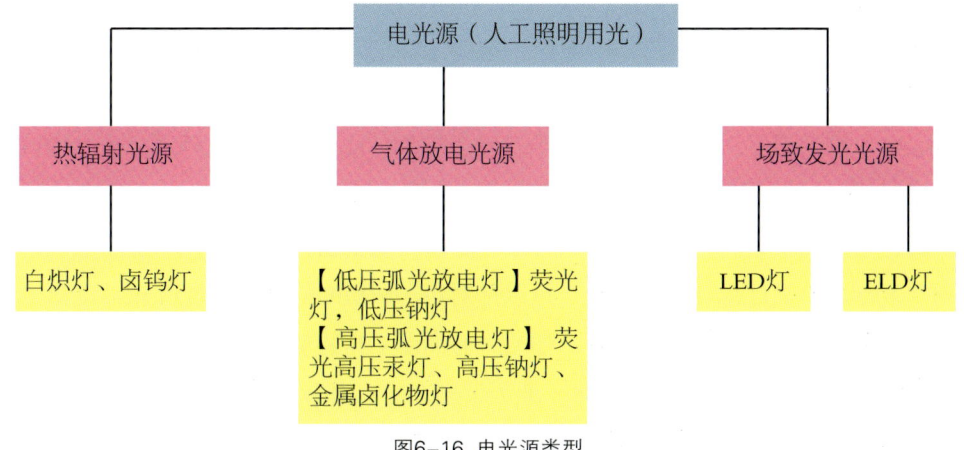

图6-16 电光源类型

要介绍高速列车室内照明LED光源的选择，如表6-4所示。

表6-4 白光LED光源与现行照明光源比较

照明光源	特　点
白光LED	发热量低（无热辐射）、寿命长（10 000 h以上）、耗电量少（低电压、低电流启动）、反应速度快、耐震动、耐冲击不易破、废弃物可回收再利用、没有污染、可平面封装
荧光灯	省电，但废弃物有汞污染、易碎、有噪音
白炽钨丝灯	效率低、寿命短、耗电量大、易碎

LED光源的可见光波长为450～780 nm，LED光源的选择与其光通量、光衰、通过电压与电流、发光角度、发光效率、散热性能、封装工艺及尺寸和排列等因素有重要关系。目前，单只白色LED用电超过1 W，光输出为25 lm，符合一定的实用性。LED光衰的问题目前已得到了较好的控制，高速列车室内温度环境在空调的作用下保证了一定的恒温状态，环境温度多以人体舒适温度18℃～26℃为主，这也为LED光源的散热提供了良好的工作环境。

LED光源的选择是LED灯具设计中很关键的因素，它直接影响到LED灯具的使用性能、投入成本和使用寿命。目前一些厂家使用集成封装单只10 W以上的LED模组灯具，存在着光学配光难、容易产生眩光和散热困难等问题，而使用3～5 W的LED模组灯具每瓦的光效低，同时也存在散热问题，和单只1 W的LED灯比较，同样的光通量下价格没有明显的优势。因此选用大功率1 W的LED组合模组灯具较为合理。

目前能够在高速列车上使用的LED光源种类有：

LED射灯（又叫LED灯杯、MR灯即多面反射灯杯）主要是用来替代过去照明使用的PAR灯、节能灯光源。市场上出售的LED射灯口径多为50 mm，采用低压直流或交流6V/12V供电，主要有两种组合方式，一种是通过小功率LED（单只功率≤50 mW）排列组成，其特点是功率小、光通量小、成本低，另一种通过大功率LED（单只功率≥1 W）排列，其光通量可以达到实际使用的需要，但其散热需要特别关注，往往通过铝质金属材料来制造散热结构。同时为了获得良好的照明使用要求，需要对大功率LED射灯进行光学设计，可以是对每一只LED灯独立地进行光学设计，也可以对LED光源整体进行光学设计，如图6-17所示。LED射灯的设计方式各有不同，产品的形式也是千变万化，很难逐一地列举出来，在此仅大致地进行归纳和罗列，如表6-5所示。需要注意的是目前LED射灯可以直接与市电（国内一般220 V电压）连接,但与高速列车100 V直流蓄电池供电连接还需要相应的LED驱动器进行辅助。

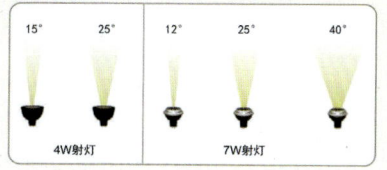

图6-17 LED射灯
(资料来源:图片来源http://www.pak.com.cn/)

表6-5 LED射灯基本特点与性能

类型	功率/W	光通量/lm	色温/K	寿命/h
小功率LED模组	0.8	56	5 500～10 000	20 000
	1	70	5 500	20 000
	1.2	80	5 500	20 000
	1.5	100	5 500	20 000
	2	130	5 500	20 000
	3	180	5 500	20 000
大功率LED模组	1	80	5 500	20 000
	2	160	5 500	20 000
	3	240	5 500	20 000
	5	400	5 500	20 000
	7	560	5 500	20 000
	10	800	5 500	20 000
	14	1 120	5 500	20 000
	20	1 600	5 500	20 000

LED球泡灯(又叫LED节能灯)主要是用来替代过去照明使用的白炽灯、传统节能灯光源,目前多采用大功率LED芯片制造。为了防止眩光,外壳灯泡采用磨砂玻璃或压克力来生产,其散热也是采用铝质材料散热结构。它也可以直接由市电驱动。值得注意的是大部分LED球泡灯可以宽电压输入,可以输入90～260 V区间的电压,而高速列车室内所有照明都由100 V直流蓄电池供电,因此一定程度上LED球

泡灯可以直接在高速列车室内照明上使用，而无需LED驱动器，需要调色调光的除外。这种光源也被称为AC-LED球泡灯，即可直接接交流电使用的LED球泡灯。如图6-18、表6-6所示。

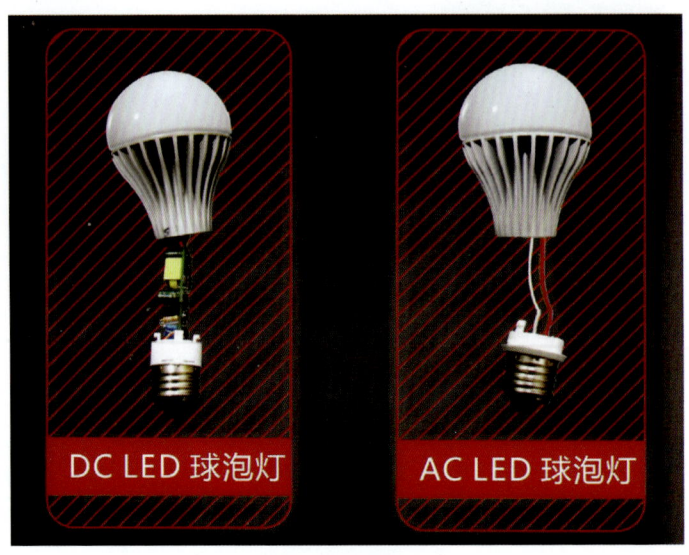

图6-18 LED球泡灯
（资料来源：图片来源http://www.pak.com.cn/）

表6-6 LED球泡灯基本特点与性能

功率/W	电压/V	光通量/lm	色温/K	寿命/h
1	90～260	20～40	3 000～6 000	20 000
3	90～260	60～130	3 000～6 000	20 000
5	90～260	100～200	3 000～6 000	20 000
7	90～260	140～300	3 000～6 000	20 000
9	90～260	200～400	3 000～6 000	20 000
10	90～260	210～450	3 000～6 000	20 000
11	90～260	220～460	3 000～6 000	20 000
12	90～260	250～500	3 000～6 000	20 000

LED筒灯多采用铝合金壳体，表面使用喷砂氧化处理，其通过精心光学设计的反光碗提供良好的光线分布，功率从7 W、11 W、20 W到25 W不等，由于散热问题灯的功率也不能太高。LED筒灯色温有冷白和暖白两种，出光角度多为85°和100°。筒灯所用的LED颗粒从5个到9个不等，每个LED颗粒的功率为1 W或2 W，其电源驱

动多为内置，20 W以上的采用外置电源驱动，以利于LED颗粒的散热。该灯使用透明玻璃、雾面玻璃或透明PC材料做灯罩，建议在高速列车室内照明环境中采用雾面玻璃灯罩的LED筒灯，其在保证亮度的前提下，可以避免高亮度LED强光直射乘客眼睛，减少眩光。目前市场上也有直接接交流电的AC-LED筒灯。如图6-19所示。

图6-19 LED筒灯

（资料来源：图片来源http://www.pak.com.cn/）

LED日光灯管主要有两种类型，一是使用小功率LED器件，使用较多的LED颗粒数量，成本较低但整体照明水平较低，不适合高速列车室内照明环境的需要；二是使用贴片式大功率器件，采用的LED颗粒数量较少，照度水平较高，但对光学设计的要求水平很高，易产生严重眩光问题，建议在高速列车室内照明环境中以漫射照明方式使用。如图6-20、表6-7所示。

表6-7 LED日光灯管基本特点与性能

功率/W	电压/V	光通量/lm	色温/K	寿命/h
8	90～260	480	4 000～7 000	20 000
10	90～260	600	4 000～7 000	20 000
11	90～260	700	4 000～7 000	20 000
15	90～260	1125	4 000～7 000	20 000
18	90～260	1350	4 000～7 000	20 000
20	90～260	1500	4 000～7 000	20 000
36	90～260	2600	4 000～7 000	20 000

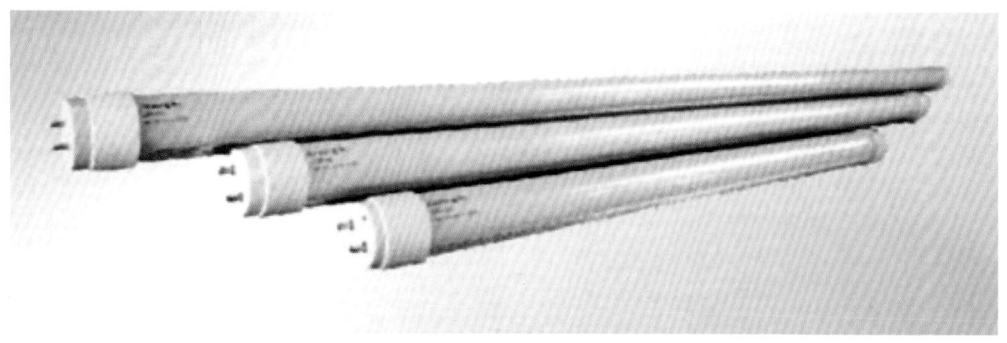

图6-20 LED日光灯管
（资料来源：图片来源http://www.pak.com.cn/）

LED洗墙灯（又叫LED线条灯、线型LED投光灯），主要用于装饰照明，目前1W大功率LED的洗墙灯使用较多，多为单列直线排列。其发光角度包括：窄角度（20°左右）、中角度（50°左右）、宽角度（120°左右）。发展到现在，LED洗墙灯中的窄角度有效投射距离最远可达20 m，拥有36 W、27 W、24 W、12 W及8 W等功率，相应的有1 000 mm、600 mm、500 mm和300 mm等尺寸规格，可以依据具体工程项目选择不同尺寸和功率大小。大功率LED洗墙灯由外部控制和内部控制两种控制方式构成。通常内部控制的大功率LED洗墙灯不需要再外接控制器，可以内置多种变化模式（最多可达6种），而外部控制需要配置外部控制器才能实现调色变化，目前市场上以外部控制方式居多。LED洗墙灯可以适应室内外各种温度和湿度环境，颜色有红色、黄色、蓝色、绿色、白色，可实现七彩变色，建议高速列车室内照明环境的二级照明侧墙窗下的泛光灯采用此光源调色，以达到烘托照明气氛的目的。如图6-21所示。

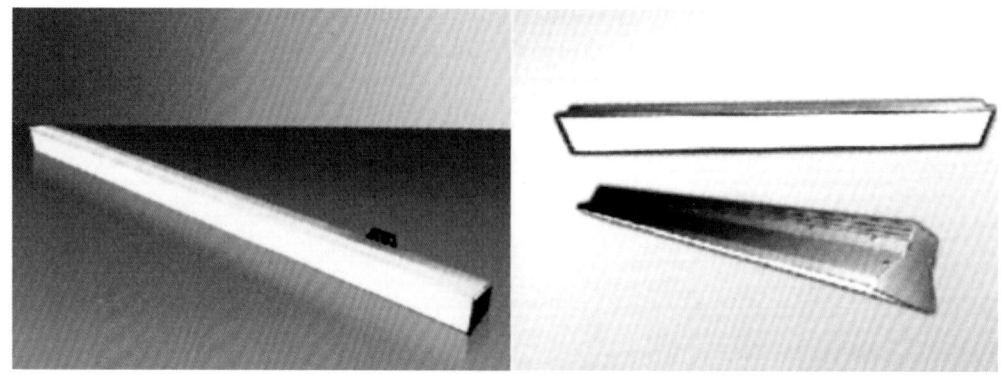

图6-21 LED线条灯（洗墙灯）
（资料来源：图片来源http://www.pak.com.cn/）

LED面板灯（又叫LED面光源）发光均匀，通过多个LED光源阵列布局发光，常常通过外置PC材料导光板和扩散板来减少LED光源的使用数量，同时也起到光线均匀化的作用。LED面板灯多用于空间一级照明。如图6-22所示。

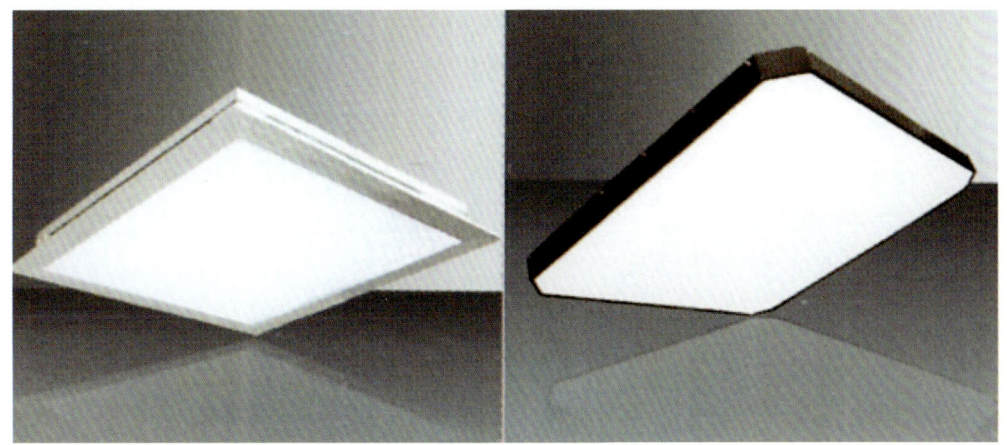

图6-22 面板灯（面光源）
（资料来源：图片来源http://www.pak.com.cn/）

（1）一、二等座车客室用灯选择建议。

一、二等座车客室在一级照明主体光源上建议选择列车顶棚安装LED平面光源或LED日光灯管向列车顶棚漫射来实现泛光照明的和谐效果；在二级照明上建议选择LED日光灯管或LED线条灯，向列车墙壁漫射并按需调光调色来达到烘托照明气氛的目的；在三级照明上建议二等座车采用行李架底部安装LED点光源阅读灯来实现局部照明的补充，一等座车也可在座椅上设置LED点光源阅读灯来实现局部照明的补充。

（2）卧铺车厢用灯选择建议。

卧铺车厢各包间在一级照明主体光源上建议选择列车顶棚安装LED平面光源来实现泛光照明的和谐效果，由于卧铺车厢各包间空间相对较小，选用LED平面光源较为适合；在二级照明上建议选择LED日光灯管或LED线条灯，向列车墙壁漫射并按需调光调色来达到烘托照明气氛的目的；在三级照明上建议在卧铺床头安装LED点光源阅读灯来实现局部照明的补充；卧铺车厢侧面走廊建议选择列车顶棚安装LED平面光源、LED筒灯或LED球泡灯来实现照明，需要注意的是这些灯具应尽量采用磨砂或乳白色灯罩设计以防止因列车层高较低带来的眩光；卧铺脚灯选择场致发光光源，即ELD光源。

（3）餐车车厢用灯选择建议。

餐车餐室在一级照明主体光源上建议选择列车顶棚安装LED平面光源或LED日光灯管向列车顶棚漫射来实现泛光照明的和谐效果；在二级照明上建议选择LED日光灯管或LED线条灯，向列车墙壁漫射并按需调光调色来达到烘托照明气氛的目的；在三级照明上建议选择LED壁灯或LED筒灯来实现局部照明的补充；餐车厨房主体光源上建议选择列车顶棚安装LED平面光源来实现一级照明需要，同时吧台吊顶顶棚选择LED筒灯或LED射灯来实现二级照明需要，吧台外侧壁选择暗藏LED光源漫射形式进行氛围照明。

（4）附属配室用灯选择建议。

① 卫生间。

卫生间建议选择列车顶棚中央安装LED平面光源或顶棚四角合适位置安装LED筒灯来实现均匀的照明效果。值得注意的是由于卫生间空间相对较小，建议使用磨砂或乳白色灯罩来防止眩光，同时注意防水防雾的灯具保护设计。

② 盥洗室。

洗脸室建议选择镜子顶部侧壁安装LED平面光源或镜子后面使用LED光源漫射方式，来实现均匀的照明效果和防止反射眩光与光幕反射的产生，同时注意防水防雾的灯具保护设计。

③ 通过台。

通过台建议选择列车顶棚安装LED平面光源或LED筒灯来实现均匀的照明效果，建议使用磨砂或乳白色灯罩来防止眩光，同时建议在通过台出入口侧壁靠近踢脚线处设置LED脚灯，方便应急照明的使用。

④ 小走廊。

小走廊建议选择列车顶棚安装LED平面光源、LED筒灯来实现照明，需要注意的是这些灯具应采用磨砂或乳白色灯罩设计防止因列车层高较低带来的眩光。

⑤ 乘务室。

乘务室建议选择列车顶棚安装LED平面光源来实现一级照明，同时可设置LED筒灯来实现书写的局部照明。

6.3.8.2 照明灯具的设计建议

灯具是用来固定和保护光源、连接电源并控制和再分配用光的器具。其特性可以用光强的空间分布、灯具效率和亮度分布或灯具遮光角等数据来说明。灯具CIE分类,即国际照明学会配光分类法,是用灯具向上和向下发出的光通量占整个灯具发出的光通量的百分比来区分灯具类型的方法,如图6-23所示。

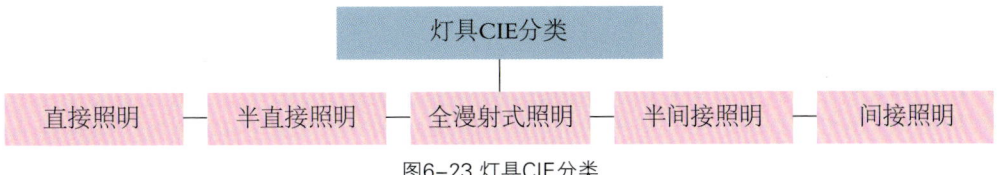

图6-23 灯具CIE分类

灯具效率,是指灯具光输出比,灯具在规定的条件下发射出的光通量与灯具的光源在灯具之外的指定条件下发出的总光通量之比。灯具效率与灯具的造型及所用材料有关,可用实验方法加以确定。

保护角,又称遮光角。灯具下端边缘与光源发光体底端的连线同水平之间的夹角。灯具遮光角具有限制或消除眩光的作用,一般要求在15°~30°之间,在灯具造型设计时应考虑到遮光角与灯具人机尺寸的问题。

配光,灯具的光源在空间各方向上的光强分布,是列车照明灯具设计、计算和灯具布置方案研究的基本依据。

配光曲线,表示光强的矢量各端点之间连线的曲线。配光曲线有极坐标表示法和直角坐标表示法,前者常用于具有旋转对称配光的灯具。

发光天棚,将一定数量的光源与天棚相结合进行统一设计的照明形式,分为发光顶棚式及格栅式。前者使用灯下覆盖半透明漫射材料的方法,材料的透过率一般在50%以上,后者用格栅代替漫射材料,利用格栅的遮光角使眩光减少。格栅顶棚的照明效果一般与灯的间距、网格的大小、格栅材料的透明与不透明以及空间表面的情况有关。

一个良好的LED灯具设计,涉及电学、热学和光学的知识与计算,包含了三个层级的光学设计。如表6-8所示。

表6-8 LED灯具设计层级

层级	特点	状态
一次光学设计	芯片外加光学系统得到适宜的应用,主要由LED器件生产商完成	LED器件
二次光学设计	将一次光学设计的单只LED装入一个量身定做的透镜中,得到需要的定向光束,形成满足单只光学需求的LED组件	LED组件
三次光学设计	将若干个二次光学设计完成的LED组件合并成一个有一定模组的、满足照明要求配光曲线的灯具	LED灯具

由于LED光源在光学特性和结构设计上有其自身的特点，所以在进行高速列车室内照明LED灯具设计时应该按照其特点来进行设计。

（1）尺寸。

高速列车室内照明环境中使用的LED灯具建议采用与列车模块化设计相适应的模数进行设计，以确保内装的灵活性。目前，我国现运行高速列车模块长度为1 900 mm，使列车墙板、行李架、通过台和卫生间实现了标准化，可以组合内装修配件以满足不同的运输要求，如果将来的这些要求有变化，也可以很容易地更换它们。因此，在设计高速列车客室LED平面光源照明灯具尺寸时，建议长度以1 900 mm为模数基准来进行设计。

（2）造型。

LED灯体外部造型需要结合LED光源的散热来进行设计，而其散热主要靠面积散热。"LED的工作温度基本上要控制在65℃以下（国际标准为80℃），当LED工作温度达到85℃时，光通量将下降一半，波长变长，即红移，超过90℃即有烧毁的危险。"建议采用合理布局LED光源排列密度、使用铝质材料支架作为散热片、通过绝缘硅胶板把LED光源板热量传导给灯具外壳散热的设计方式。

（3）材料。

高速列车室内是一个复杂的环境场所，其内部照明灯具材料的选择是非常重要的。灯具外壳是光源光线的混光层与保护层，建议其材料主要选用PC（聚碳酸酯）材料，这种材料抗老化、防紫外线和抗冲击效果是最好的。PC材料有透明颜色和乳白色两种，透明颜色的亮度较乳白色的要高，而乳白色的混色性好于透明颜色的。

LED灯具灯罩的材料选择也很关键，目前使用的材料有透明的有机玻璃和PC材料等，如表6-9所示。建议通过调节透光板（扩散板）与LED光源的距离来实现透光板不投射出LED光源亮点及其元部件阴影。同时，透光板需要选择具有漫反射和阻燃性能的材料，如图6-24所示。

表6-9 灯罩透光板（扩散板）材料要求

灯罩透光板颜色	透光率 / %	耐热温度 / ℃
透明	≥85	≥100
乳白色	50~60	≥95

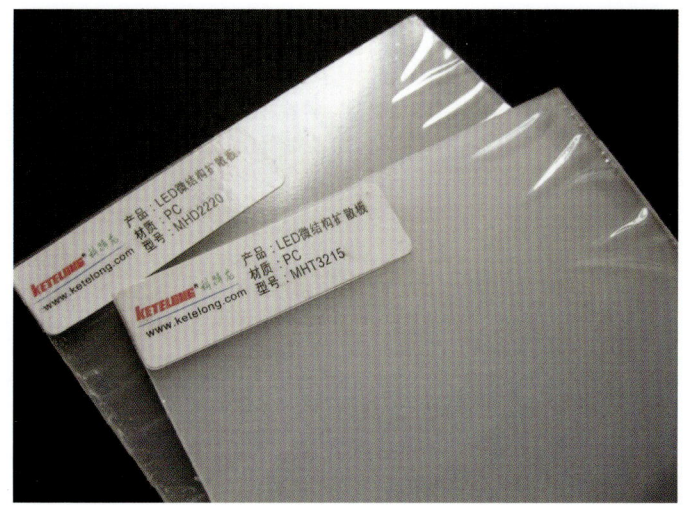

图6-24 漫反射阻燃特性透光板（扩散板）

目前，市场上还研制出压克力导光板，其表面有规则纹理，可以很好地将LED光源进行导光，使整个灯具照明光线更加均匀，同时也能节省LED光源的使用数量和提高光效，如图6-25所示。

图6-25 导光板

（4）LED光源线路设计。

LED光源颗粒建议采用串联与并联结合的方式接线，可采用5个并联8个串联的方式，这样当线路结构中有一只LED光源由于损坏而熄灭时，不会导致整个LED平面光源不亮；每个LED光源板模块可使用双路恒流源进行供电，这样也能提高整体

LED灯具的使用寿命。相邻LED灯具模块之间设计小型连接器以方便安装维护,如图6-26所示。

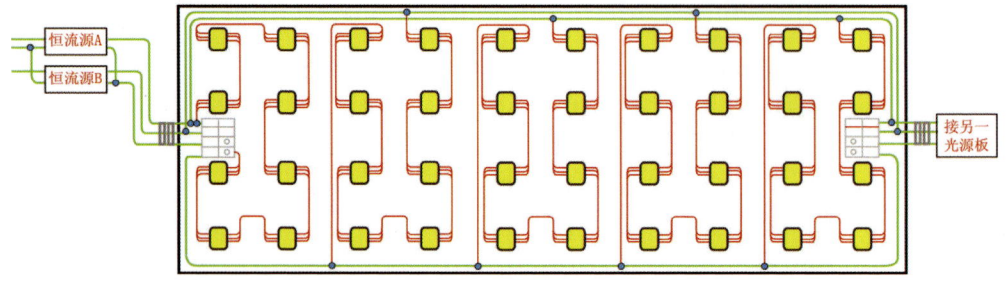

图6-26 建议LED光源模块接线示意图

6.3.9 照明灯具的安装方式与空间布局合理性建议

高速列车室内照明的照度均匀度与灯具的布局是否合理密切相关,因此照明灯具的安装方式与空间布局的合理性也是设计者需要加以考虑的。

高速列车室内照明的客室一级照明主光源一般布局在车厢顶棚纵向中部或两侧,多采用泛光源照明,其二级照明辅助光源多布局在客室行李架后面或下方。此外,在餐车餐室中常常布局三级照明装饰光源以烘托就餐氛围;在卧铺车厢每个铺位加装阅读灯作为补充光源,形成混合照明。

高速列车室内照明的灯具安装方式是照明效果优劣与否的重要因素。高速列车车厢主体照明多采用间接照明的方式,间接照明效果一是需要注重光源与列车室内受光面的距离,即要关注光源与列车室内侧墙面、列车室内顶棚之间的间隙;二是要关注光源由于灯具遮光产生遮光线的因素;三是要重视列车室内能够很好反射光的材料的表面质感,只有把这三者处理好,才能形成和缓而不突兀的照明效果。这三者的关系如图6-27所示。

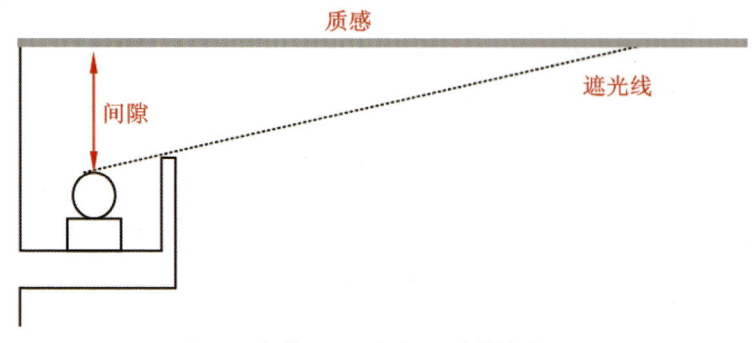

图6-27 间接照明三个重要因素的关系

在进行高速列车室内照明设计时，如果间接照明设计成间隙小的端面安装形式，将会使光线产生强烈的明暗对比。处理好光源的安装间隙是使光线能够均匀发散产生自然渐变照明效果的重要条件，光源离照射表面越远，光的反射对比强度就越小，可以产生均匀的照明效果，如图6-28所示。目前，我国现运行高速列车室内的间接照明效果处理得并不是很好，常常产生突兀的光线渐变效果，这也导致光源处照度很高，但是整体车内视照度效果并不能满足乘客需要的问题。图6-29所示为CRH2型高速列车客室间接照明渐变突兀的效果，从图中可以看出列车室内顶棚光源照度很高，而顶棚中部照度较暗，光线的渐变不自然，容易导致眩光的产生。

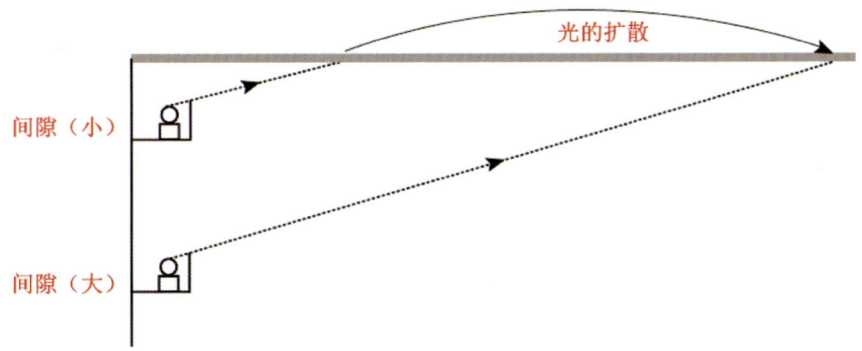

图6-28 间接照明间隙与光扩散的关系

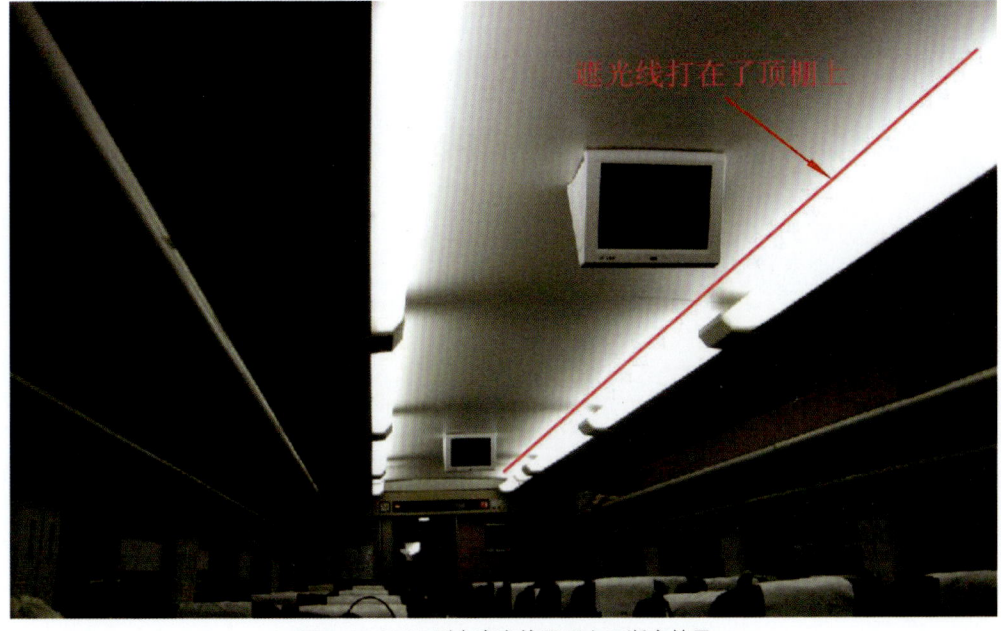

图6-29 CRH2型车客室接照明突兀渐变效果

在进行高速列车室内照明设计时，灯具对光源遮光处理的好坏也影响照明效果的优劣。将光源暴露在乘客的视觉范围中容易产生视觉问题，同时在设计光源遮光外壳时让高速列车室内顶棚或侧墙产生强烈的遮光线也是有问题的。为了产生良好的高速列车室内环境照明，要考虑到遮光线的影响，关注光源的安装位置和灯具外壳挡板遮光设计处理，从图6-29中CRH2型车的间接照明可以看出列车室内顶棚处有很明显的遮光线出现，影响照明视觉效果。遮光线与光源安装位置的关系如图6-30所示。

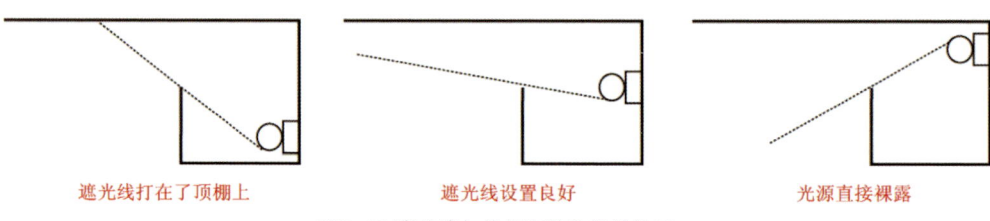

遮光线打在了顶棚上　　　　遮光线设置良好　　　　光源直接裸露

图6-30 遮光线与光源安装位置的关系

在进行高速列车室内照明设计时，受光面的质感也会影响照明效果。目前，我国现行高速列车有些车型的受光面呈现光泽质感，这导致光线反射进入人眼中，产生反射眩光，达不到希望的照明效果，如图6-31所示。采用粗糙或磨砂受光面，光线将会漫射扩散，并给人以柔和光线的感受，如图6-32所示为受光面质感与反射的关系。

图6-31 CRH1型车有光泽受光面光源映射效果

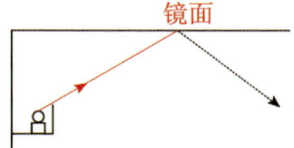 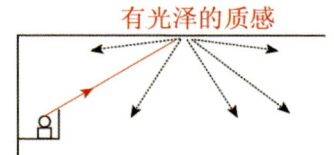 

图6-32 受光面质感与反射的关系

照明设计中光源采用何种安装方式和空间布局能产生理想的间接照明？我们可以从日本NIPPO电机株式会社编写的《间接照明》一书中对于间接照明试验模型的研究得到启发与思考。该试验模型将间接照明中具有代表性的平顶棚发光灯槽、圆弧形发光灯槽和顶棚周边灯槽进行了试验。得出的相关结论是："在采用平顶棚发光灯槽照明时，改变光源与墙面间的间隙照明效果并无明显变化，光源与顶棚之间的间隙应在300 mm以上500 mm以下；圆弧形顶棚由于光源与顶棚间的间隙有余量。"因此，即使改变光源与顶棚之间的间隙也感觉不到明显的变化，光源与墙面的间隙应在200 mm以上；顶棚周边发光槽应将遮光线重合到地面与墙面的交角处；被照射表面需要采用粗糙的表面肌理效果以使光线柔和地扩散。

那么高速列车室内照明设计中光源的安装方式和空间布局如何才能产生理想的间接照明呢？我们通过我国现运行高速列车室内照明设计中的具体安装方式和空间布局尺度来进行研究。

高速列车室内照明客室与餐车餐室空间。我国现运行高速列车室内照明的客室与餐车餐室主体照明有两种形式，一种是直接采用列车室内顶棚中部设置双排面光源进行照明，例如CRH1型车；另一种是采用列车室内顶棚两侧泛光源投射顶棚的间接照明，例如CRH2型车和CRH380A型车。从图6-33中我们可以看出CRH2型车整车内空间高度为2 277 mm，相对建筑室内空间高度来说偏低，加上需要考虑行李架空间的使用，光源安装空间的高度很小，灯具底部到列车室内顶棚的高度为184.2 mm。虽然车厢截面为圆弧形发光灯槽，但从图6-34中可以看出，该车型在光源安装设计中的实际使用截面为92°角的平顶棚发光槽，其遮光线打在了顶棚处，是造成光线扩散不柔和、光效低下的重要原因。

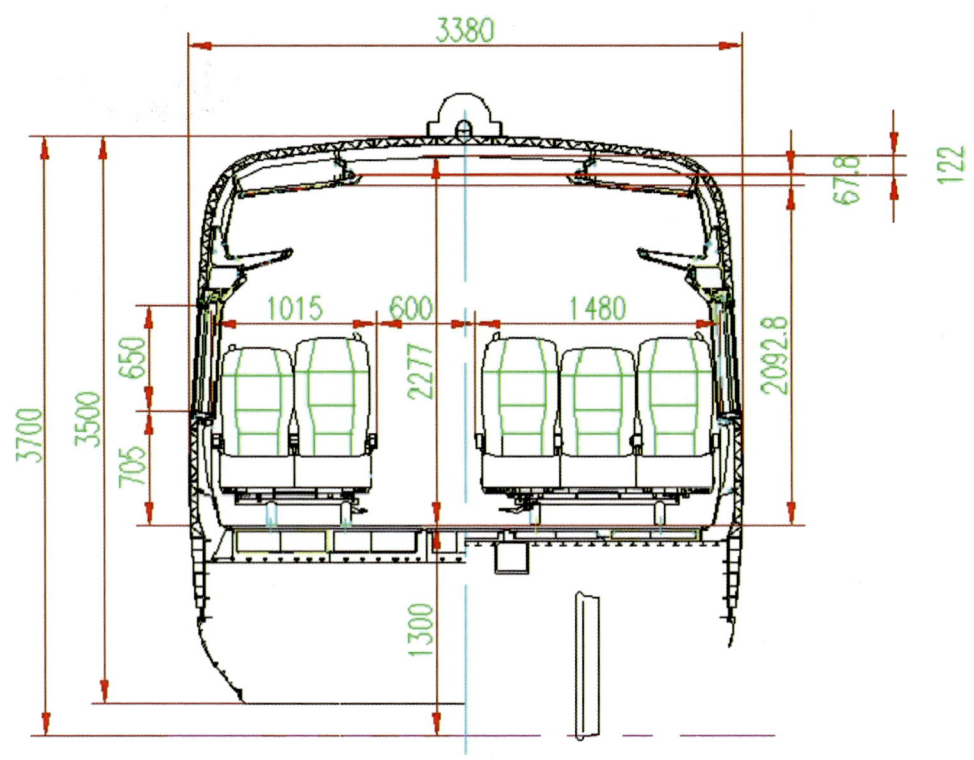

图6-33 CRH2型车光源在整个车厢中的空间布局位置

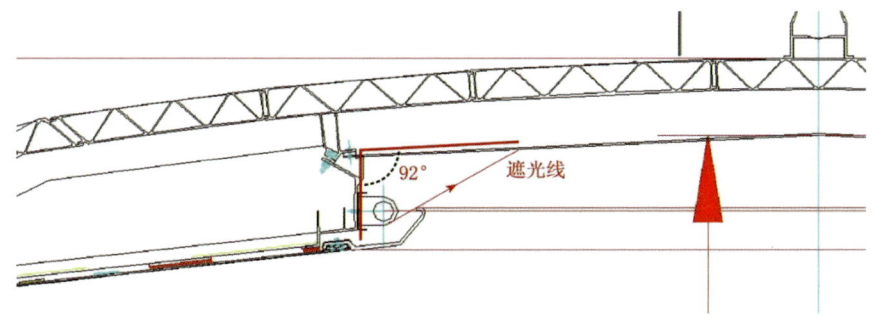

图6-34 CRH2型车光源安装方式分析

  因此，在高速列车室内照明设计中建议多采用圆弧形发光灯槽的安装方式，这样在纵向高度有限制的条件下，可通过光源的横向位置来扩展安装，同时在列车室内顶棚表面材质上使用粗糙质感材料，使间接照明到达良好的视觉效果。良好的圆弧形顶棚间接照明如图6-35所示。

  高速列车室内照明卧铺车厢、卫生间、盥洗室、小走廊和通过台空间照明有两

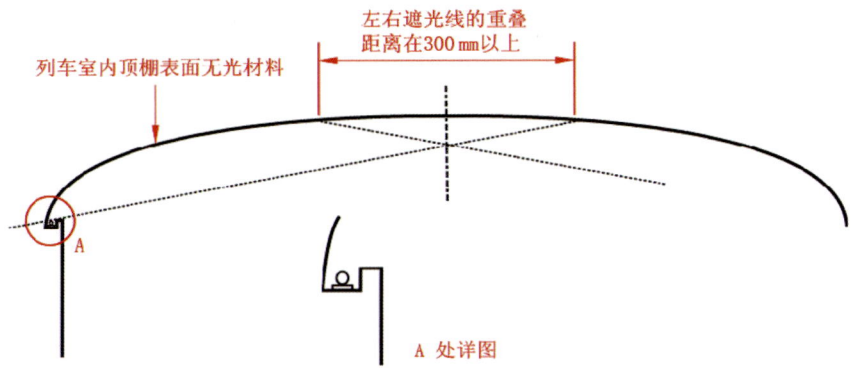

图6-35 良好的圆弧形顶棚间接照明

种形式，一种是直接采用列车室内顶棚中部设置双排或一排面光源进行照明，例如CRH2型车；另一种是采用列车室内顶棚中部或四角设置LED筒灯点光源照明，例如CRH1型车和CRH380A型车。在实际调研中我们发现，由于高速列车车内高度相对较低，使用直接透明灯具的LED点光源容易造成眩光和光斑，特别是卫生间等小空间的点光源照度均匀度很差，使人感觉压抑憋闷，因此，在选用点光源照明时建议使用带磨砂或乳白色灯罩的灯具。

6.3.10 高速列车室内照明环境设计的其他建议

在进行高速列车室内照明设计时还应考虑下列影响乘客视觉功效的人类工学参数：

（1）人类视觉工作特性，例如：识别物体的尺寸大小、形状、距离、位置、色彩、细节与背景的反射系数、作业面与背景的亮度和色彩对比、运动速度和观察时间等；

（2）乘车人员眼睛的生理能力，例如：视觉敏锐度（视力）（如图6-36所示）、色彩感知能力、深度感知能力等。

在进行列车灯光照明设计时，对直接眩光的处理应从光源高度、光源的发光表面积、背景

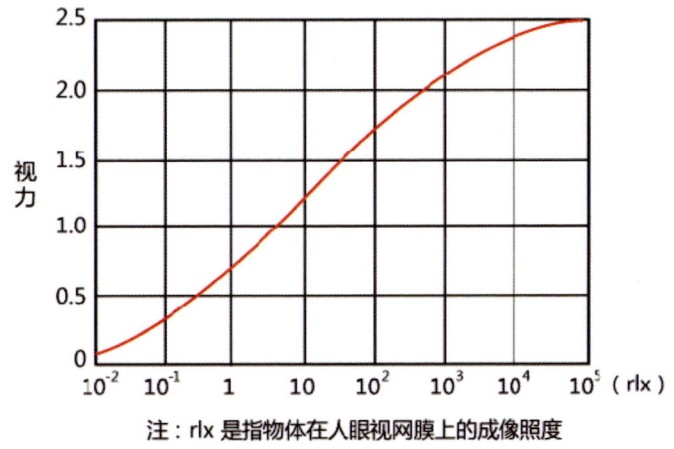

图6-36 照度与视力的关系

高度及灯具安装的位置等方面来控制。现运行高速列车内部装饰物件在眩光方面缺乏考虑，装饰件的眩光往往使车厢整体环境不够和谐，让人产生眼花缭乱的视觉感受，而这种感受会加重旅客的心理与生理疲劳，导致车厢内环境的光污染。特别是卫生间与洗漱间所挂的镜子常常会反射顶部吸顶灯的亮度，形成一定的眩光，建议在进行卫生间与洗漱间灯光设计时考虑镜子的设计高度，同时对光源进行间接照明设计。

6.4 本章小结

本章对第4章的我国现行高速列车室内照明问卷调查的主观评价结果与第5章的基于实测物理参数的高速列车室内照明环境客观检测评价结果进行了比较分析，得出相关结论：我国高速列车盥洗室与卫生间的照明是主客观评价中问题比较突出的项目，这些空间在照度、照度均匀度及眩光的处理上没有得到很好的重视，而这些小空间照明恰恰是造成乘客心理压抑感、局促感与恐惧感的重要因素，这些都需要在今后高速列车照明设计中加以重视和提升；卧铺车客室的照度均匀度极差远低于0.70，表明我国现行高速列车卧铺车客室照明布局设计有待改进；通过台和小走廊这些短暂性视觉空间的照度反而比卫生间、盥洗室和餐车厨房这些作业视觉空间的照度高，常常使客室车厢的乘客眼睛不断地产生明暗适应调节造成视觉疲劳，这说明我国现行高速列车相关附属配室空间的照明照度配给设计需要改进；一些车型的整体车厢照明照度与附属配室空间照明照度还偏低，达不到实际照明的需要，同时不同车厢空间照明的照度比过大，容易引起眩光和明暗适应困难等问题；我国高速列车在应急照明设计上还有待改进和提升。

良好的高速列车室内光环境与乘客的行为活动密切相关，本章分析了乘客乘坐高速列车主要活动行为的几个阶段：熟悉阶段、活动阶段、休息阶段、即将到站准备阶段。

结合第2章的感性分析与第4章、第5章的主客观理性分析，本章提出了中国高速列车室内照明照度参考值，以及中国高速列车室内照明设计的相关改进建议和注意事项：高速列车室内照明方式与照明种类的选择建议、高速列车室内光源物理照度值同视照度值的协调与选择建议、高速列车室内光源色表与色温的选择和使用建

第6章 中国高速列车室内照明设计改进建议

议、高速列车室内各表面色彩与反射率的选择和建议、高速列车室内照明控制系统的可微调性与适用范围建议、高速列车室内外照明功能区间过渡的适应性建议、高速列车室内应急照明的改进建议、高速列车室内照明光源的选择与灯具的设计建议、高速列车室内照明灯具的安装方式与空间布局合理性建议、高速列车室内照明环境设计的其他建议，这些为第7章的设计实践提供了指导依据和帮助，从而使整本书做到主客观分析与归纳的整合，理论与实践的统一。

思考练习

1. 什么是良好的高速列车室内照明光环境？
2. 选择某一产品或空间环境，分析其造型、色彩、材质、结构、加工工艺类型。

推荐书目

[1] 董锡明. 高速动车组工作原理与结构特点[M]. 北京：中国铁道出版社，2007.
[2] 贾俊芳. 高速铁路客运服务[M]. 北京：中国铁道出版社，2009.
[3] 刘转华. 动车组技术[M]. 成都：西南交通大学出版社，2010.
[4] 丁玉兰. 人机工程学[M]. 北京：北京理工大学出版社，2007.
[5] 刘春荣. 人机工程学应用[M]. 上海：上海人民美术出版社，2009.
[6] 廖建桥. 人因工程[M]. 北京：高等教育出版社，2006.
[7] 孙林岩. 人因工程[M]. 北京：高等教育出版社，2008.
[8] 史新. 照明工程设计禁忌手册[M]. 武汉：华中科技大学出版社，2010.
[9] [日] NIPPO电机株式会社. 间接照明[M]. 许东亮，译. 北京：中国建筑工业出版社，2004.
[10] 陈小丰. 建筑灯具与装饰照明手册[M]. 北京：中国建筑工业出版社，2000.
[11] 周太明. 光源原理与设计[M]. 上海：复旦大学出版社，2006.
[12] 姜晓樱. 光与空间设计[M]. 北京：中国电力出版社，2009.
[13] 张金红. 光环境设计[M]. 北京：北京理工大学出版社，2009.
[15] 周莉. 餐馆照明[M]. 上海：复旦大学出版社，2004.
[16] 郝洛西. 光+设计照明教育的实践与发现[M]. 北京：机械工业出版社，2008.
[17] [日] 日本建筑学会. 光和色的环境设计[M]. 北京：机械工业出版社，2006.
[18] 山东照明协会. 实用照明设计[M]. 北京：机械工业出版社，2011.

[19] 马丽．环境照明设计[M]．北京：人民美术出版社，2008．

[20] 李建华，于鹏．室内照明设计[M]．北京：中国建材工业出版社，2010．

[21] 马丽．室内照明设计[M]．北京：中国传媒大学出版社，2011．

[22] 黄艳．照明设计[M]．北京：中国青年出版社，2007．

[23] 李春茂．LED结构原理与应用技术[M]．北京：机械工业出版社，2011．

[24] 陈传．LED驱动芯片工作原理与电路设计[M]．北京：人民邮电出版社，2011．

[25] 周志敏．LED照明电路设计100例-通用照明、车用照明、背光照明[M]．北京：电子工业出版社，2011．

[26] 周志敏．LED照明与工程设计[M]．北京：人民邮电出版社，2010．

[27] 周志敏．大功率LED照明技术设计与应用[M]．北京：电子工业出版社，2011．

[28] 陈育明．太阳能LED照明系统[M]．北京：化学工业出版社，2011．

第 7 章

中国高速列车室内照明设计的实践

7.1 总体设计要求

本次高速列车室内照明设计主要针对中长途客运专线高速列车，结合本书前六章的分析和相关结论来指导此次设计实践，设计内容包括VIP车厢客室、一等车车厢客室及餐车车厢客室3个主要照明空间。通过合理调整照明灯具布局使用合适的照明照度及灯具类型，同时考虑照明环境对乘客生理与心理感受作用来进行高速列车室内照明设计。

照明器具的自身尺度与空间尺寸必须满足现有列车的空间限制，其具体尺寸采用模数化设计，方便安装使用和维护更换。

随着乘客对高速列车舒适性要求的不断提高，现在的高速列车室内照明环境设计逐渐向航空行业看齐，其追求的核心本质是希望让静态空间家的感受在高速移动的列车在动态空间上得以体验。

7.2 基于DIALux软件对相关车厢设计方案进行解析及验证

7.2.1 DIALux辅助照明设计软件简介

DIALux是专业的灯光照明设计软件。适用于所有灯具厂家提供的灯具。DIALux是当今市场上最具功效的照明计算软件，它能满足目前所有照明设计及计算的要求。为了保持它特有的市场地位，DIALux一直在不断地更新发展。本次中国高速列车室内照明环境设计实践的方案也主要以该软件进行模拟仿真验证。

7.2.2 VIP车室内照明环境设计方案解析及验证

7.2.2.1 心理感受方面对设计方案解析

VIP车厢的乘坐人群多为有一定经济基础的乘客，在感受高速列车便捷快速的同时希望得到一定的乘坐体验和环境氛围，因此乘坐空间的舒适度与照明环境的氛围营造就显得较为重要。本次设计以光来烘托空间的视觉感受，通过高速列车VIP车室内顶棚造型的凹凸虚实变化配合灯光照明的强弱对比，来营造大空间的视觉感受，也与高速列车地板的平坦形成对比感，从而产生视觉美学感受；在氛围照明的设计上通过高速列车顶棚与侧墙接缝处的光源渗入倾泻而下，增强了空间的体量感受（窗下灯的设计，这里的光线犹如瀑布灌注而下使空间感增大）。

　　光具有不同时间段的提示作用和环境氛围的营造效果，本次设计根据LED光源的良好调光调色特点，对VIP车室内照明环境进行了不同时间段的照度和色温可调节设计，通过顶部一级泛光照明和窗下灯二级泛光照明的互相配合，来实现车内照明环境效果与车外自然光环境在一天中随时间变化而呈现不同效果相一致，进而营造高速列车室内氛围照明效果。高速列车VIP车室内照明环境氛围照明设计的具体心理感受如下：

　　（1）6点至8点早晨用餐时氛围照明设计的心理感受。

　　一天中的这一时间段，气温较低，太阳刚刚升起，外界给人以凉意心理感受。因此在这个时间段：车厢顶中部以6 000 K偏冷色温泛光一级照明来配合这一时间段的室外光环境，车厢顶侧部以2 800 K偏暖色温泛光一级照明来提示乘客此时间段为用餐模式，同时侧壁行李架下以2 800 K暖色温泛光二级照明来对乘客凉意的心理感受进行关怀和氛围照明的补充。其照明设计效果如图7-1所示。

图7-1　早餐照明氛围效果

(2) 8点至11点上午行车常态氛围照明设计的心理感受。

一天中的这一时间段,气温上升,太阳已经当空而照,外界给人以阳光明媚的心理感受。因此在这个时间段:车厢顶部都以5 000 K纯白日光色温泛光一级照明来反映这一时间段的室外光环境,同时侧壁行李架下以较低照度的5 000 K纯白日光色温泛光二级照明来进行照明补充,保证车内光环境与车外光环境的平衡。其照明设计效果如图7-2所示。

图7-2 白天上午行车常态照明氛围效果

(3) 11点至13点中午用餐时氛围照明设计的心理感受。

一天中的这一时间段,太阳已上中天,外界给人以明快的心理感受。因此在这个时间段:车厢顶中部以5 000 K纯白日光色温泛光一级照明来反映这一时间段的室外光环境,车厢顶侧部以2 800 K偏暖色温泛光一级照明来提示乘客此时间段为用餐时间,同时侧壁行李架下以2 800 K暖色温泛光二级照明来对菜肴的色泽呈现加以补充。其照明设计效果如图7-3所示。

图7-3 午餐照明氛围效果

（4）13点至17点下午行车常态氛围照明设计的心理感受。

一天中的这一时间段，太阳逐渐西落，外界黄昏时分及其晚霞给人以美学心理感受。因此在这个时间段：车厢顶部仍以5 000 K纯白日光色温泛光一级照明来保证车内光环境视觉要求，同时侧壁行李架下以2 800 K的暖色温泛光二级照明来呼应下午时间段车外夕阳西下的环境氛围。其照明设计效果如图7-4所示。

（5）17点至19点晚上用餐时氛围照明设计的心理感受。

一天中的这一时间段，太阳西落，夜晚即将来临，此时正值晚餐之际，家家户户在暖色灯光下吃着晚餐，给人的心理感受是一天劳作后的休憩与温馨。因此在这个时间段：车厢顶中部以3 000 K暖色温泛光一级照明来呼应这种心理氛围，车厢顶侧部以2 800 K暖色温泛光一级照明来进行氛围照明的调和，同时侧壁行李架下以2 800 K的暖色温泛光二级照明来强化这种晚餐盛宴的心理氛围。其照明设计效果如图7-5所示。

第7章 中国高速列车室内照明设计的实践

图7-4 下午行车常态照明氛围效果

图7-5 晚餐照明氛围效果

（6）19点至22点夜间上车时及夜间行车常态时氛围照明设计的心理感受。

一天中的这一时间段，为夜间的黄金时段，大多数人也在这一时间段活动，此时外界光环境给人以蓝黑色的心理感受。因此在这个时间段：车厢顶中部以6 000 K冷白日光色温泛光一级照明保证车内照度需要，车厢顶侧部以455～475 nm淡蓝光色来呼应外界光环境，使乘客心里平静下来以便晚间的休息，同时侧壁行李架下以5 000 K的纯日光色温泛光二级照明来保证车厢侧壁座位乘客的照度需要。值得提出的是：夜间上车时照明照度要比夜间行车常态时高，以便于乘客寻找座位和安置行李。其照明设计效果如图7-6、图7-7所示。

图7-6 夜间上车时照明氛围效果

图7-7 夜间行车常态照明氛围效果

（7）22点至次日6点睡眠模式时氛围照明设计的心理感受。

一天中的这一时间段，夜幕已深，外界光环境非常黑暗，此时段也是乘客需要休息的时段。因此在这个时间段：车厢仅顶中部以455～475 nm淡蓝光色泛光一级照明进行一定照度的应急照明，以避免强照度影响乘客夜间睡眠，同时在VIP座椅上设置点光源阅读灯来满足个别乘客夜间阅读的需要。其照明效果如图7-8所示。

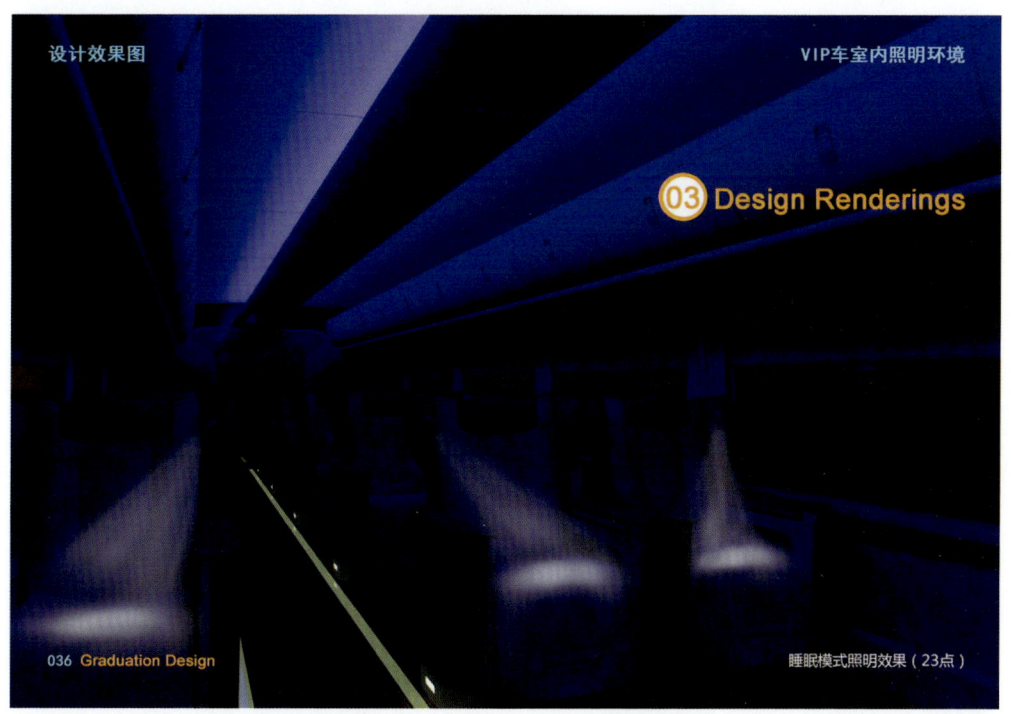

图7-8 夜间睡眠模式照明氛围效果

（8）到站前准备照明提示设计的心理感受。

到站前准备氛围照明主要通过侧壁行李架下灯光的色温变化进行提示：白天到中间站前准备照明时，侧壁行李架下以520～535 nm淡绿光色泛光二级照明来进行提示，如图7-9所示；白天到终点站前准备照明时，侧壁行李架下以455～465 nm淡紫光色泛光二级照明进行提示，如图7-10所示；夜间到中间站及终点站前准备照明时，侧壁行李架下都以585～595 nm淡黄光色泛光二级照明来进行提示，不同之处在于两者一级照明照度不同，如图7-11、图7-12所示。

图7-9 白天到中间站前准备照明效果

图7-10 白天到终点站前准备照明效果

图7-11 夜间到中间站前准备照明效果

图7-12 夜间到终点站前准备照明效果

（9）应急照明人文关怀设计的心理感受。

应急照明是需要我们关注的照明模式，本设计通过在车厢过道地板中部喷涂稀土余辉发光涂料，来一定程度上帮助乘客在列车事故中进行定向和指示逃生方向。该涂料平时吸收自然光线和人工光线，当高速列车遇到事故缺乏有效人工照明时，该涂料在黑暗中可自行发出绿色荧光以帮助乘客进行自救定向。其照明设计效果如图7-13所示。

图7-13 应急照明效果

7.2.2.2 生理感受与照明物理参数方面对设计方案解析

乘客对照明的生理感受与照明的物理参数设计密切相关，良好的照明物理参数必须满足乘客的视觉生理需要和心理需求，因此照明灯具自身的物理参数及其空间布局对照明环境有很重要的影响，本次VIP车室内照明物理参数及其空间布局如下：

（1）VIP车室内照明物理参数（表7-1、表7-2）。

表7-1 VIP车室内照明环境设计灯具基本设置

位置	顶棚中部	顶棚侧部	顶棚中脊下	行李架下	行李架下	阅读灯
照明等级	一级照明	一级照明	二级照明	二级照明	二级照明	三级照明
照明方式	泛光源照明	泛光源照明	点光源照明	泛光源照明	点光源照明	点光源照明
灯具类型	LED灯片	LED灯片	LED筒灯（乳白灯罩）	LED灯片	LED射灯（可旋转角度）	LED阅读灯
灯具个数	40	40	20	40	40	40
灯具尺度	长1 000 mm 宽17 mm 高9 mm	长1 000 mm 宽17 mm 宽17 mm	直径76 mm 高72 mm	长1 000 mm 宽17 mm 宽9 mm	直径76 mm 高72 mm	直径25 mm 高50 mm
内含LED数	每盏60颗	每盏60颗	每盏3颗	每盏60颗	每盏3颗	每盏1颗
光通量	每盏约437 lm	每盏约437 lm	每盏约199 lm	每盏约437 lm	每盏约150 lm	每盏约100 lm
显色指数	80	80	80	80	80	80
功率	每盏14 W	每盏14 W	每盏15 W	每盏14 W	每盏10 W	每盏1 W
IP防护指数	IP68	IP68	IP44	IP68	IP44	IP44

表7-2 VIP车室内照明环境不同时间段色温调节解析

位置 / 时间段	顶棚中部 LED灯片	顶棚侧部 LED灯片	顶棚中脊下 LED筒灯	行李架下 LED灯片	行李架下 LED射灯	VIP座椅 LED阅读灯
6点~8点	6 000 K（冷白日光色）	2 800 K（暖白日光色）	5 000 K（纯白日光色）	2 800 K（暖白日光色）	5 000 K（纯白日光色）	5 000 K（纯白日光色）
8点~11点	5 000 K（纯白日光色）	5 000 K（纯白日光色）	5 000 K（纯白日光色）	5 000 K（纯白日光色）	5 000 K（纯白日光色）	5 000 K（纯白日光色）
11点~13点	5 000 K（纯白日光色）	2 800 K（暖白日光色）	5 000 K（纯白日光色）	2 800 K（暖白日光色）	5 000 K（纯白日光色）	5 000 K（纯白日光色）
13点~17点	5 000 K（纯白日光色）	5 000 K（纯白日光色）	5 000 K（纯白日光色）	2 800 K（暖白日光色）	5 000 K（纯白日光色）	5 000 K（纯白日光色）
17点~19点	3 000 K（暖白日光色）	2 800 K（暖白日光色）	5 000 K（纯白日光色）	2 800 K（暖白日光色）	5 000 K（纯白日光色）	5 000 K（纯白日光色）
19点~22点	6 000 K（冷白日光色）	455~475 nm（淡蓝光色）	5 000 K（纯白日光色）	5 000 K（纯白日光色）	5 000 K（纯白日光色）	5 000 K（纯白日光色）
22点~次日6点	455~475 nm（淡蓝光色）	关闭	关闭	关闭	关闭	5 000 K（纯白日光色）
白天到中间站前准备	5 000 K（纯白日光色）	5 000 K（纯白日光色）	5 000 K（纯白日光色）	520~535 nm（淡绿光色）	5 000 K（纯白日光色）	5 000 K（纯白日光色）

续表7-2

位置 时间段	顶棚中部 LED灯片	顶棚侧部 LED灯片	顶棚中脊下 LED筒灯	行李架下 LED灯片	行李架下 LED射灯	VIP座椅 LED阅读灯
白天到终点站前准备	5 000K（纯白日光色）	5 000K（纯白日光色）	5 000K（纯白日光色）	455~465nm（淡紫光色）	5 000K（纯白日光色）	5 000K（纯白日光色）
夜间到中间站前准备	455~475nm（淡蓝光色）	关闭	5 000K（纯白日光色）	585~595nm（淡黄光色）	5 000K（纯白日光色）	5 000K（纯白日光色）
夜间到终点站前准备	6 000K（冷白日光色）	455~475nm（淡蓝光色）	5 000K（纯白日光色）	585~595nm（淡黄光色）	5 000K（纯白日光色）	5 000K（纯白日光色）
应急照明	稀土余辉发光涂料（绿色荧光自发光提示）					

（2）VIP车室内照明空间布局。

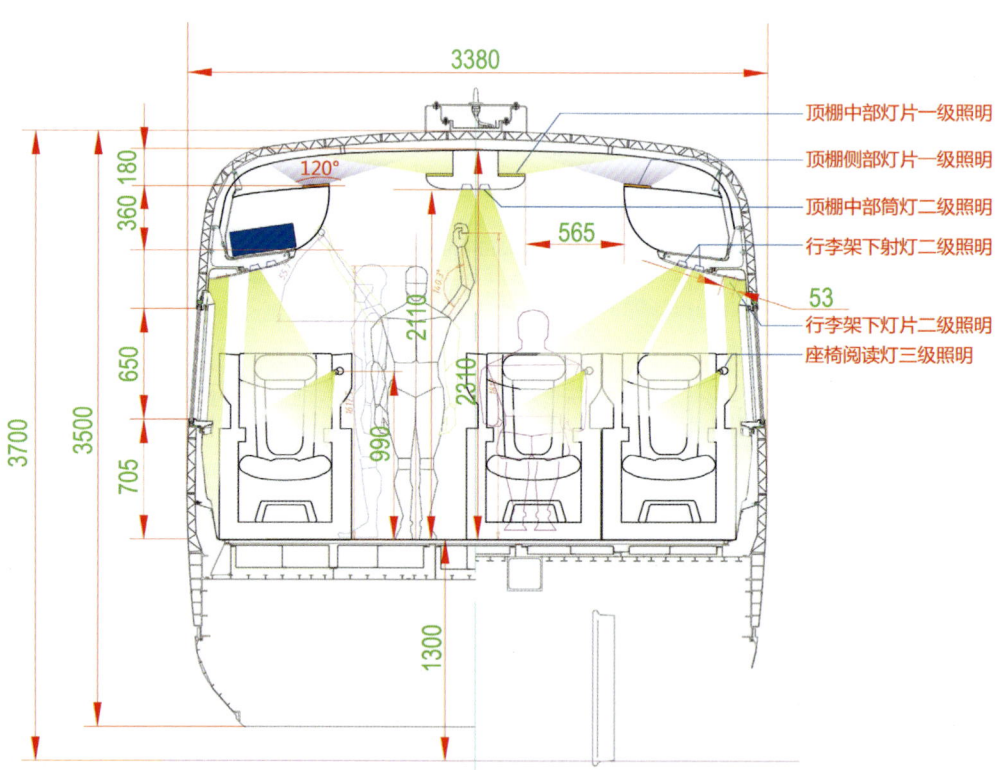

图7-14 B-B方向VIP车室内照明空间布局剖视图

第7章 中国高速列车室内照明设计的实践

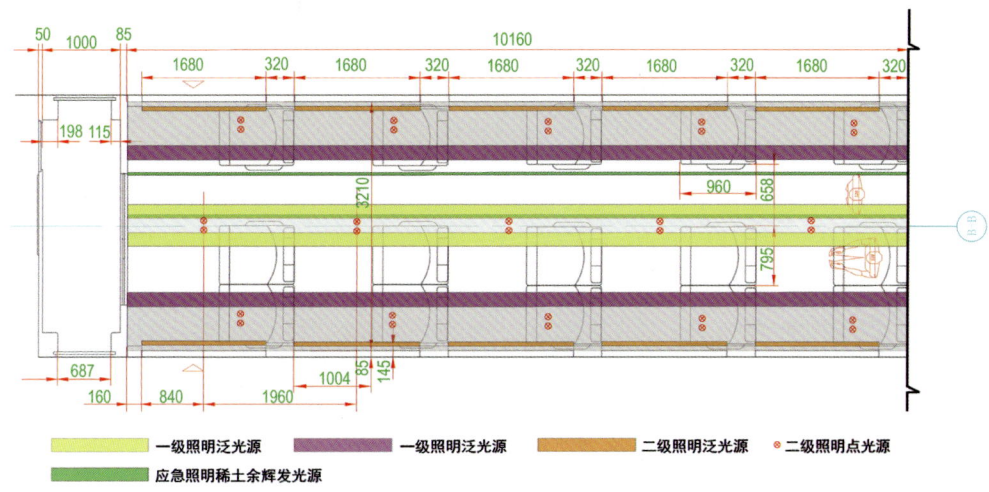

图7-15 A-A方向半节VIP车室内照明空间布局剖视图

7.2.2.3 DIALux软件对VIP车室内照明环境设计验证

对VIP车室内照明环境设计的验证主要是根据本书前面所述的国家标准及得出的相关照度参考值来进行。VIP车厢属于座席车，因此该空间主要验证：每个座位纵向中心线上，距靠背前方0.6 m，距地板面0.8 m处各测点的平均照度值及其均匀度。其在DIALux软件中照明验证布置如图7-16、图7-17、图7-18、图7-19所示。

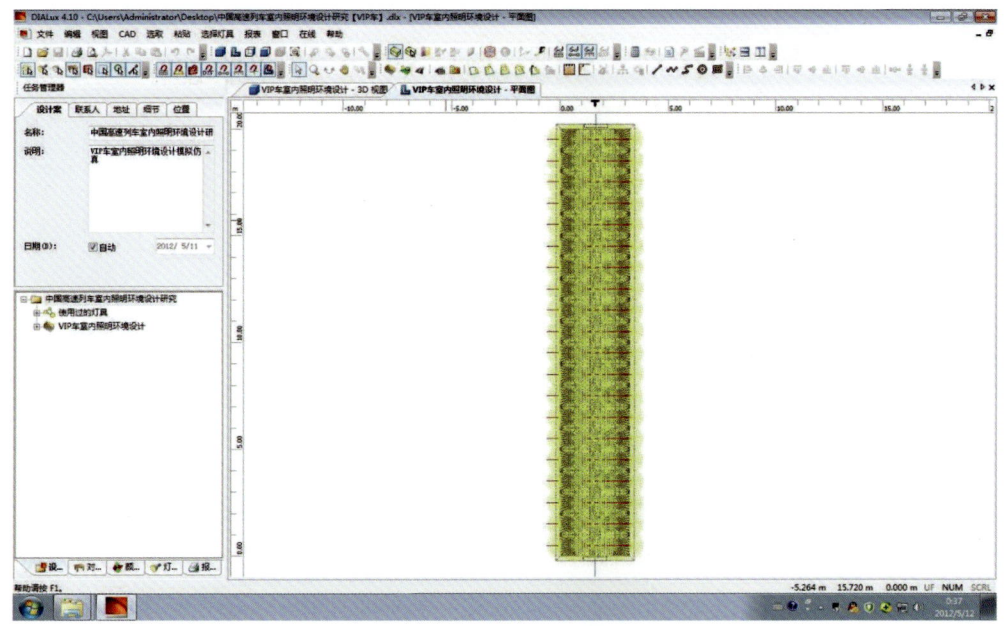

图7-16 DIALux软件中VIP车室内照明验证灯具设置顶视图

165

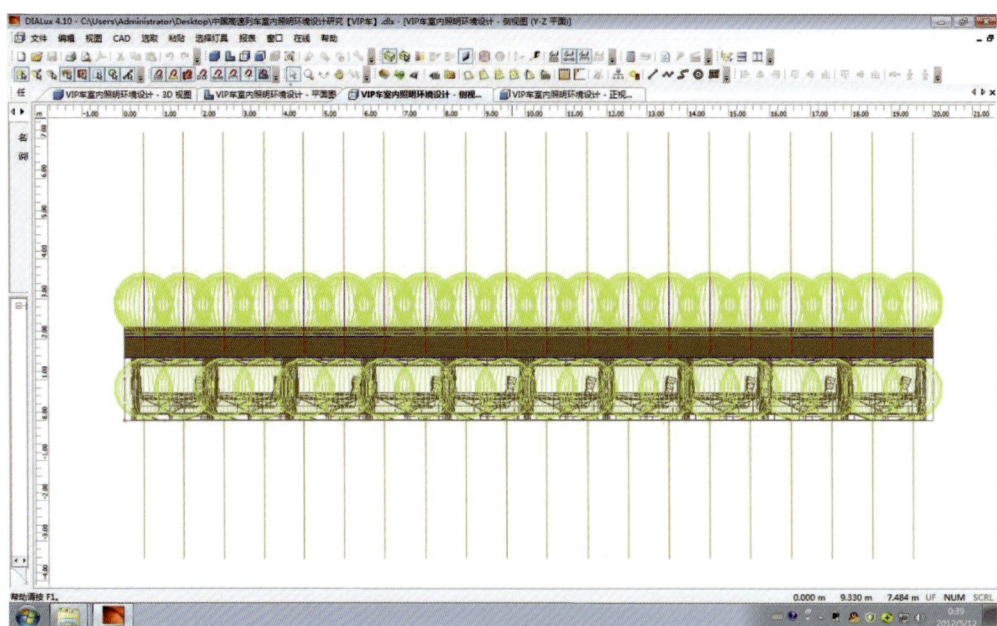

图7-17 DIALux软件中VIP车室内照明验证灯具设置右视图

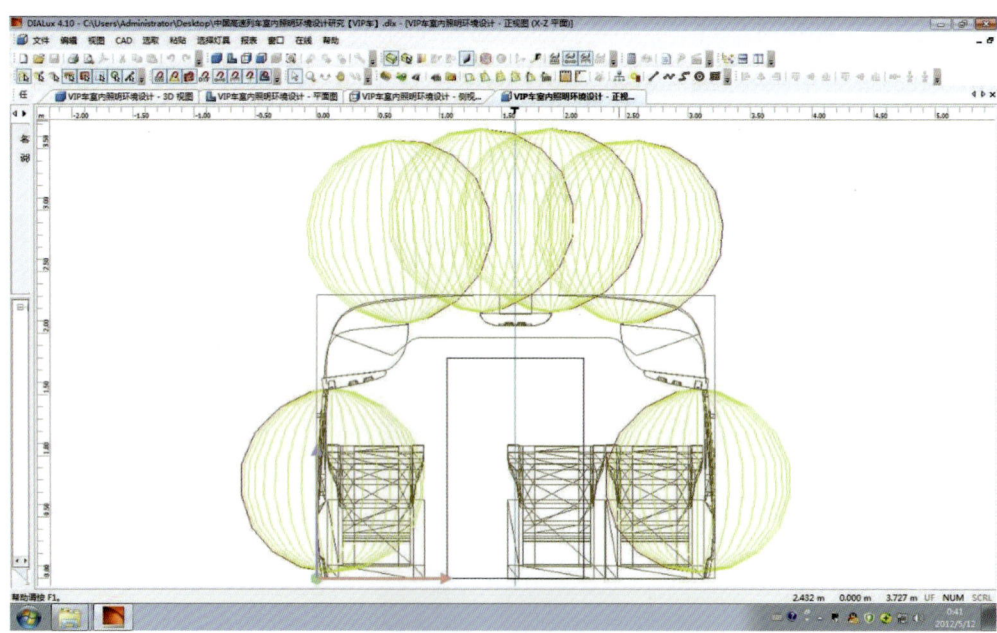

图7-18 DIALux软件中VIP车室内照明验证灯具设置前视图

第7章 中国高速列车室内照明设计的实践

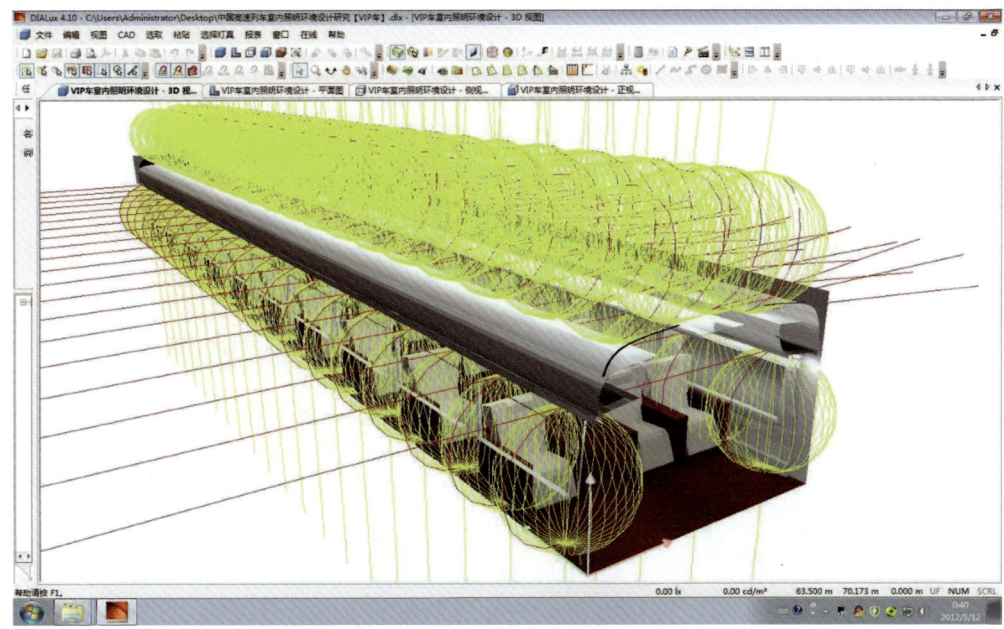

图7-19 DIALux软件中VIP车室内照明验证灯具设置透视图

通过DIALux软件仿真计算得出：本设计方案VIP车每个座位纵向中心线上，距靠背前方0.6m，距地板面0.8m处各测点的平均照度值为249 lx，照度均匀度为0.703。根据前文得出的相关照度参考值（200 lx）和照度均匀度建议值（不小于0.7），可以看出本设计方案比较符合相应的建议参数，达到了设计使用的要求。

7.2.3 一等车室内照明环境设计方案解析及验证

7.2.3.1 心理感受方面对设计方案解析

一等车车厢的乘坐人群多为商务人士及中产阶层乘客，他们多数讲究效率和实用主义，在感受高速列车便捷快速的同时希望得到稳定和经济的乘坐环境，因此乘坐空间的舒适度与照明环境的可视性就需要我们关注。

一等车车厢相对VIP车厢来说使用人数较多，人员的流动性也较强，因此其室内照明环境的设计更加强调照明光源的稳定感，色温的变化较VIP车厢相对要小些，主要通过车厢顶侧部5 000 K纯白日光色温泛光一级照明来保证乘客活动所需的照度，车厢顶中部以5 000 K纯白日光色温点光源一级照明来对高速列车室内照明照度进行补充，侧壁行李架下以2 800 K暖色温泛光二级照明来进行装饰照明和氛围照明的补充，同时行李架下以5 000 K纯白日光色温点光源射灯三级照明作为夜间乘客的阅读灯来进行阅读舒适度的补充，当然一等车车厢到站前准备照明和应急照明的设计与VIP车厢保持一致性。其照明设计效果如图7-20所示。

图7-20　一等车室内照明环境效果图

7.2.3.2　生理感受与照明物理参数方面对设计方案解析

乘客对照明的生理感受与照明的物理参数设计密切相关，良好的照明物理参数必须满足乘客的视觉生理需要和心理需求，因此照明灯具自身的物理参数及其空间布局对照明环境有很重要的影响，本次一等车室内照明物理参数及其空间布局如下：

（1）一等车室内照明物理参数（表7-3、表7-4）。

表7-3 一等车室内照明环境设计灯具基本设置

位置	顶棚侧部	顶棚中部	行李架下	行李架下（夜间阅读作用）
照明等级	一级照明	一级照明	二级照明	三级照明
照明方式	泛光源照明	点光源照明	泛光源照明	点光源照明
灯具类型	LED灯片	LED筒灯（乳白灯罩）	LED灯片	LED射灯（可旋转角度）
灯具个数	40	20	40	40
灯具尺度	长1 000 mm 宽17 mm 高9 mm	直径76 mm 高72 mm	长1 000 mm 宽17 mm 高9 mm	直径76 mm 高72 mm
内含LED数	每盏60颗	每盏3颗	每盏60颗	每盏3颗
光通量	每盏约437 lm	每盏约199 lm	每盏约437 lm	每盏约150 lm
显色指数	80	80	80	80
功率	每盏14 W	每盏15 W	每盏14 W	每盏10 W
IP防护指数	IP68	IP44	IP68	IP44

表7-4 一等车室内照明环境不同时间段色温调节解析

位置 \ 时间段	顶棚侧部LED灯片	顶棚中部LED筒灯	行李架下LED灯片	行李架下LED射灯（夜间阅读作用）
6点~8点	2 800 K（暖白日光色）	5 000 K（纯白日光色）	2 800 K（暖白日光色）	5 000 K（纯白日光色）
8点~11点	5 000 K（纯白日光色）	5 000 K（纯白日光色）	2 800 K（暖白日光色）	5 000 K（纯白日光色）
11点~13点	2 800 K（暖白日光色）	5 000 K（纯白日光色）	2 800 K（暖白日光色）	5 000 K（纯白日光色）
13点~17点	5 000 K（纯白日光色）	5 000 K（纯白日光色）	2 800 K（暖白日光色）	5 000 K（纯白日光色）
17点~19点	2 800 K（暖白日光色）	5 000 K（纯白日光色）	2 800 K（暖白日光色）	5 000 K（纯白日光色）
19点~22点	5 000 K（纯白日光色）	5 000 K（纯白日光色）	2 800 K（暖白日光色）	5 000 K（纯白日光色）
22点~次日6点	5 000 K（纯白日光色）	5 000 K（纯白日光色）	520~535nm（淡绿光色）	5 000 K（纯白日光色）

续表7-4

时间段 \ 位置	顶棚侧部LED灯片	顶棚中部LED筒灯	行李架下LED灯片	行李架下LED射灯（夜间阅读作用）
白天到中间站前准备	5 000 K（纯白日光色）	5 000 K（纯白日光色）	455～465 nm（淡紫光色）	5 000 K（纯白日光色）
夜间到中间站前准备	5 000 K（纯白日光色）（相对低照度）	5 000 K（纯白日光色）	585～595 nm（淡黄光色）	5 000 K（纯白日光色）
夜间到终点站前准备	5 000 K（纯白日光色）（相对高照度）	5 000 K（纯白日光色）	585～595 nm（淡黄光色）	5 000 K（纯白日光色）
应急照明	稀土余辉发光涂料（绿色荧光自发光提示）			

（2）一等车室内照明空间布局（图7-21、图7-22）。

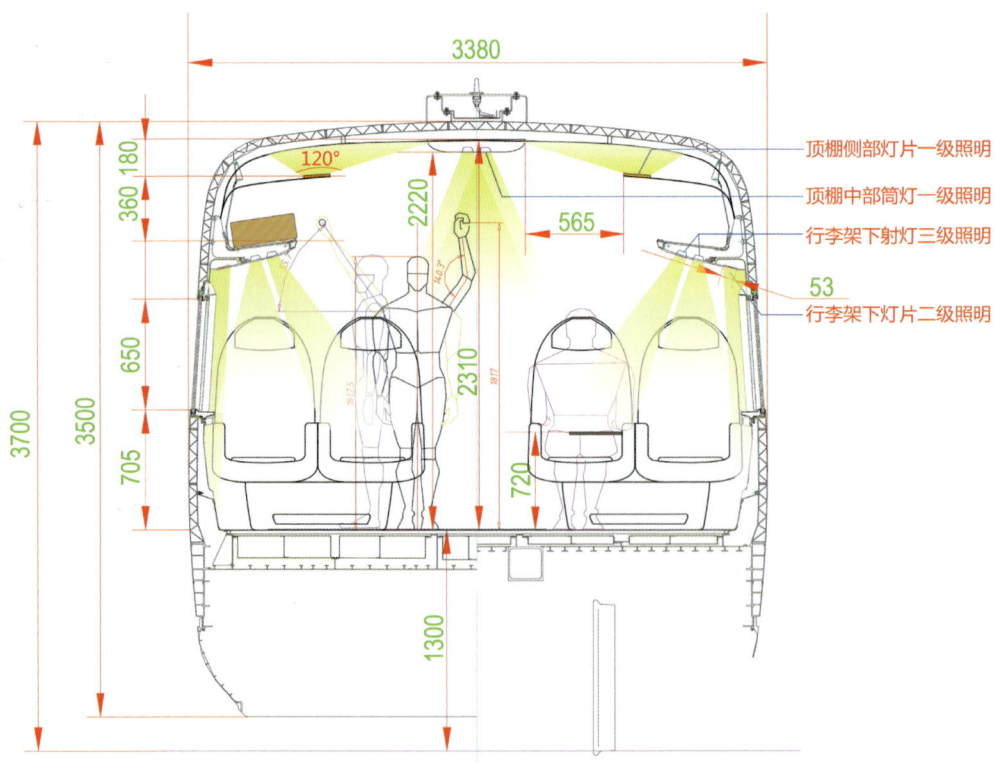

图7-21 B-B方向一等车室内照明空间布局剖视图

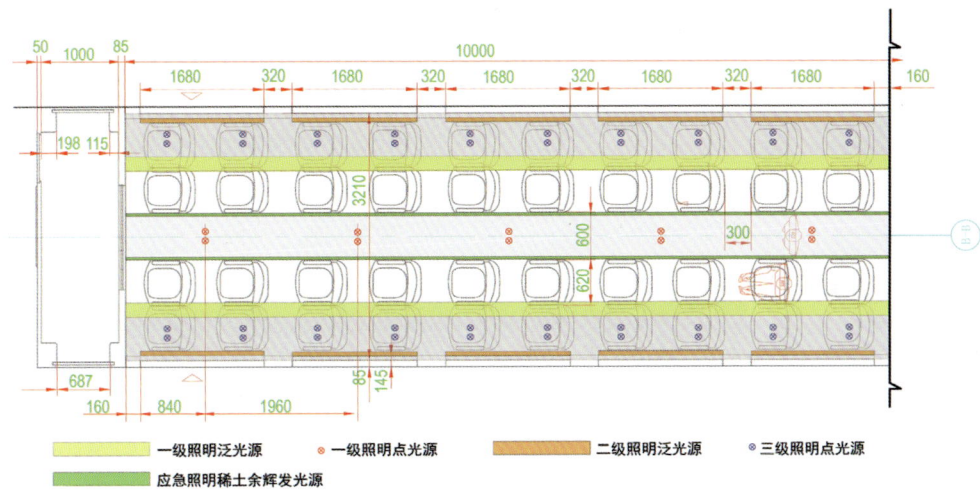

图7-22 A-A方向半节一等车室内照明空间布局剖视图

7.2.3.3 DIALux软件对一等车室内照明环境设计验证

对一等车室内照明环境设计的验证主要是根据本书前面所述的国家标准及得出的相关照度参考值来进行。一等车车厢属于座席车，因此该空间主要验证：每个座位纵向中心线上，距靠背前方0.6 m，距地板面0.8 m处各测点的平均照度值及其均匀度。其在DIALux软件中照明验证布置如图7-23、图7-24、图7-25、图7-26所示。

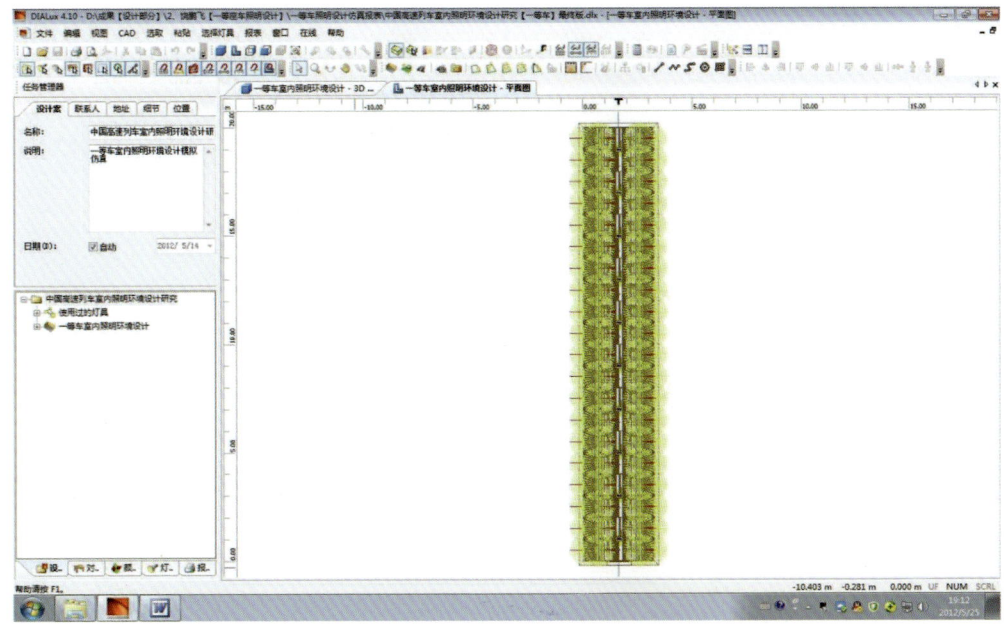

图7-23 DIALux软件中一等车室内照明验证灯具设置顶视图

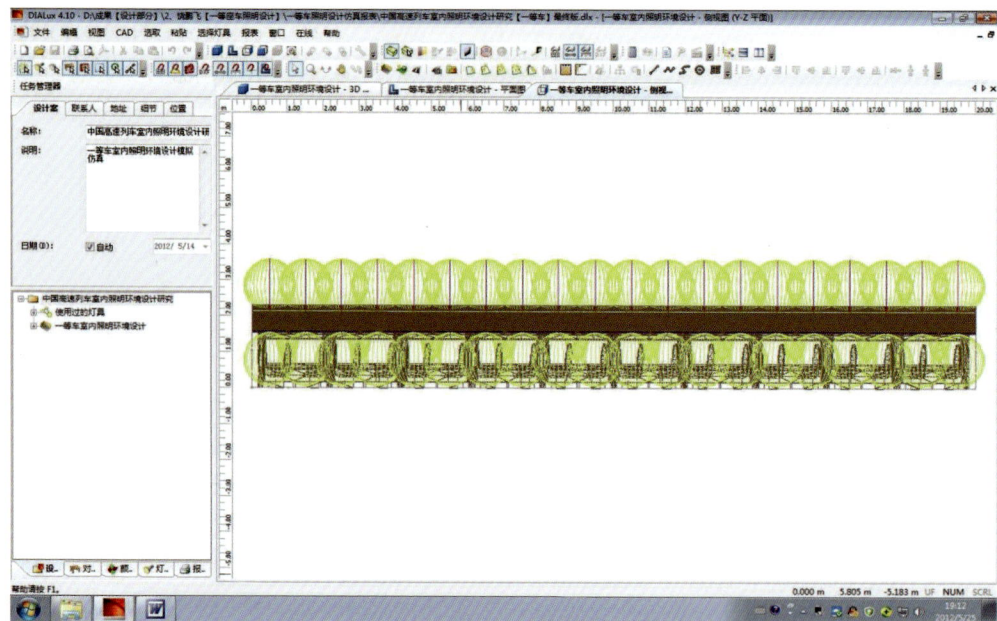

图7-24 DIALux软件中一等车室内照明验证灯具设置右视图

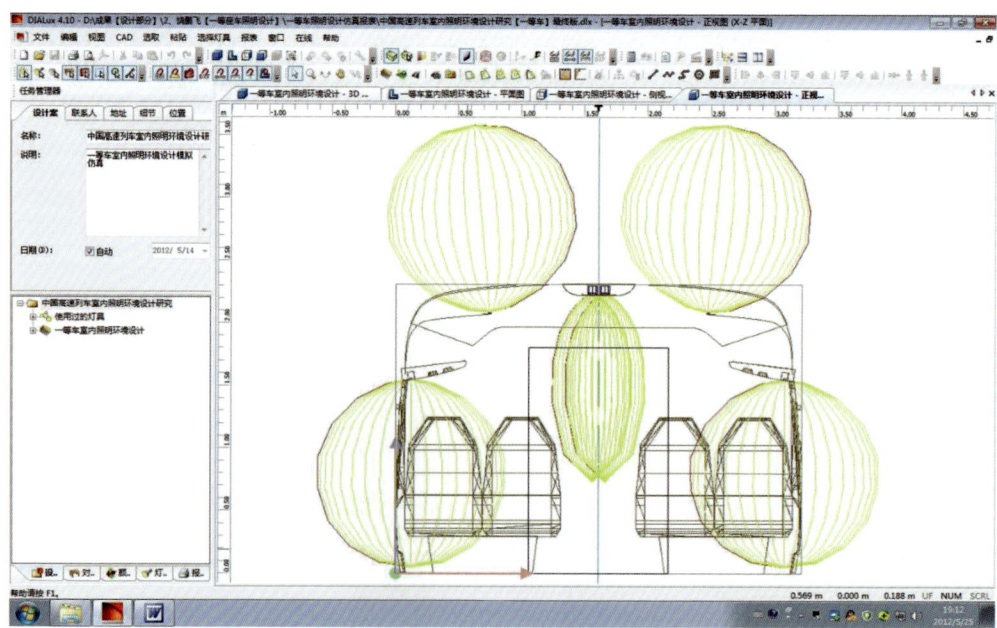

图7-25 DIALux软件中一等车室内照明验证灯具设置前视图

第7章 中国高速列车室内照明设计的实践

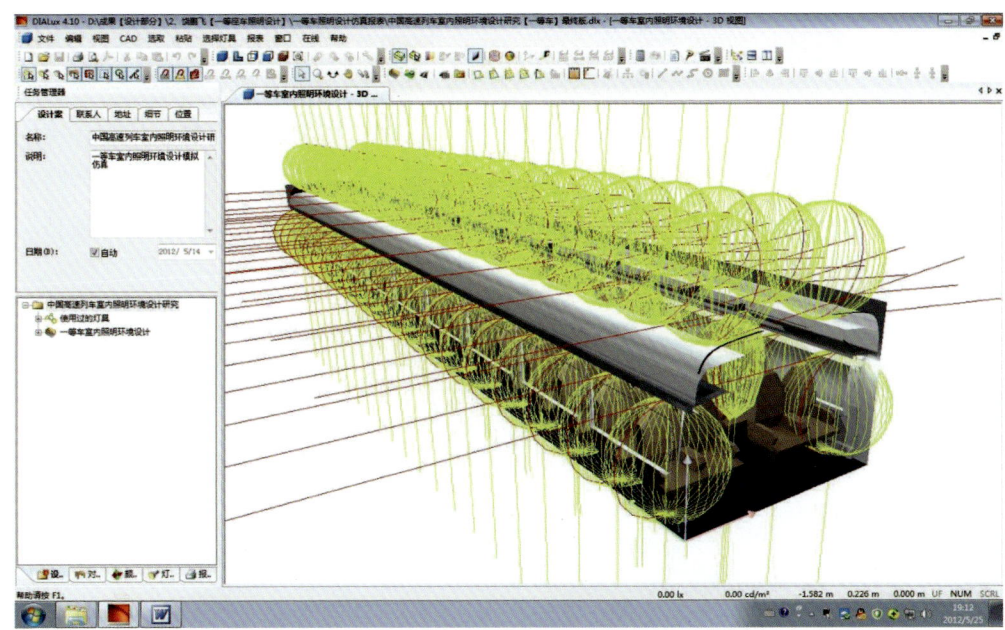

图7-26 DIALux软件中一等车室内照明验证灯具设置透视图

通过DIALux软件仿真计算得出：本设计方案一等车每个座位纵向中心线上，距靠背前方0.6 m，距地板面0.8 m处各测点的平均照度值为222 lx，照度均匀度为0.71。根据前文得出的相关照度参考值（200 lx）和照度均匀度建议值（不小于0.7），可以看出本设计方案比较符合相应的建议参数，达到了设计使用的要求。

7.2.4 餐车室内照明环境设计方案解析及验证

7.2.4.1 心理感受方面对设计方案的解析

餐车车厢主要是供乘客就餐的场所，乘客在此空间更多地是希望感受到餐车室内氛围照明带来的温馨和愉悦的就餐环境，因此乘坐空间的舒适度与照明氛围的营造是需要重点考虑的。同时餐车还包含一小部分厨房空间，主要是供餐车厨师进行烹饪和配餐的场所，因此需要考虑这一空间的照明照度。高速列车餐车室内照明环境设计的心理感受如下：

（1）餐车餐室空间照明设计的心理感受。

这一空间是大部分乘客用餐的主要区域，空间内的氛围照明和乘客间的易交流度是需要考虑的，因此在这个空间中：车厢顶侧部以5 000 K纯白日光色温泛光一级照明来保证乘客活动所需的足够照度,车厢顶中部以5 000 K纯白日光色温点光源一级照明来对高速列车室内照明照度进行补充,侧壁以2 800 K暖色温壁灯泛光二级照明来进行装饰照明和补充氛围照明,同时每个餐桌上以2 800 K暖色温桌灯三级照明,作为就餐时乘客间交流度的补充,其良好的显色性和色温能使菜肴和乘客脸部显的更加真实和鲜活。餐车车厢到站前准备照明和应急照明的设计与VIP车厢保持一致性。餐车餐室空间的照明设计效果如图7-27所示。

图7-27 餐车餐室室内照明环境效果图

(2)餐车厨房空间照明设计的心理感受。

这一空间是餐车厨师配餐的主要工作区域,包含了5处小空间,具体设计如下:

厨房配餐操作区。在这个空间中:车厢顶部与吧台顶棚凹槽处以5 000 K纯白日光色温泛光一级照明来保证厨房整个活动所需的足够照度,在餐车厨房吊柜下部靠侧墙处以5 000 K纯白日光色温泛光源二级照明来对操作台面照度进行补充,以满足餐室配餐时仔细操作的需要。餐车厨房配餐操作区域的照明设计效果如图7-28所示。

图7-28 餐车厨房配餐区照明环境效果图

厨房吧台区。在这个区域中：吧台顶棚以2 800 K暖色温点光源二级照明来对吧台台面的照度进行补充，同时其暖色光能够使摆在吧台上面的菜肴色泽更加真实和鲜活。餐车厨房吧台区域的照明设计效果如图7-29所示。

图7-29 餐车厨房照明环境整体效果图

厨房过道区。在这个区域中：餐车顶棚以2 800 K暖色温点光源一级照明对厨房进行照明，其灯具采用磨砂灯罩筒灯以防止眩光。餐车厨房过道区域空间的照明设计效果如图7-29所示。

厨房靠式就餐区。该区域多以立姿或靠姿进行就餐，以供小部分人就餐使用，整个空间要求私密度相对较强，因此在这个区域中：餐车顶棚侧部以2 800 K暖色温点光源射灯二级照明来对其就餐吧桌面进行照明，这样的光束既保证了菜肴的色泽的呈现，又能通过明暗空间对比划分出一定的心理私密空间，让就餐者心情轻松愉悦。餐车厨房靠式就餐区域的照明设计效果如图7-30所示。

图7-30 餐车厨房靠式就餐区照明环境效果

厨房通过台。该区域为乘车人员上下车的区域，因此在这个区域中：餐车通过台顶棚侧部以5 000 K纯白日光色温点光源筒灯一级照明来对其进行照明。餐车厨房通过台空间的照明设计效果如图7-31所示。

图7-31 餐车厨房通过台照明环境效果图

7.2.4.2 生理感受与照明物理参数方面对设计方案解析

乘客对照明的生理感受与照明的物理参数设计密切相关,良好的照明物理参数必须满足乘客的视觉生理需要和心理需求,因此照明灯具自身的物理参数及其空间布局对照明环境有很重要的影响,本次餐车室内照明物理参数及其空间布局如下:

(1)餐车室内照明物理参数(表7-5、表7-6、表7-7)。

表7-5 餐车餐室室内照明环境设计灯具基本设置

位置	顶棚侧部	顶棚中部	侧壁壁灯	餐桌
照明等级	一级照明	一级照明	二级照明	三级照明
照明方式	泛光源照明	点光源照明	泛光源照明	点光源照明
灯具类型	LED灯片	LED筒灯 (乳白灯罩)	LED壁灯 (乳白灯罩)	LED灯片 (乳白灯罩)
灯具个数	40	20	40	40
灯具尺度	长1 000 mm 宽17 mm 高9 mm	直径76 mm 高72 mm	长509 mm 宽12 mm 高15 mm	长509 mm 宽12 mm 高15 mm

续表7-5

位置	顶棚侧部	顶棚中部	侧壁壁灯	餐桌
内含LED数	每盏60颗	每盏3颗	每盏24颗	每盏24颗
光通量	每盏约437 lm	每盏约199 lm	每盏约249 lm	每盏约200 lm
显色指数	80	80	80	80
功率	每盏14 W	每盏15 W	每盏17.3 W	每盏17.3 W
IP防护指数	IP68	IP44	IP52	IP52

表7-6 餐车厨房室内照明环境设计灯具基本设置

位置	操作区		吧台区（吧台顶棚）	过道区（餐车顶棚中部）	靠式就餐区（餐车顶棚侧部）	通过台（餐车顶棚中部及侧部）
	餐车顶棚与吧台顶棚凹槽处	吊柜下部与车壁相交处				
照明等级	一级照明	二级照明	二级照明	一级照明	二级照明	一级照明
照明方式	泛光源照明	泛光源照明	点光源照明	点光源照明	点光源照明	点光源照明
灯具类型	LED灯片	LED灯片	LED射灯	LED筒灯（乳白灯罩）	LED射灯	LED筒灯（乳白灯罩）
灯具个数	2	2	6	5	2	8
灯具尺度	长1 119 mm 宽12 mm 高15 mm	长1 119 mm 宽12 mm 高15 mm	直径76 mm 高72 mm	直径76 mm 高72 mm	直径76 mm 高72 mm	直径76 mm 高72 mm
内含LED数	每盏48颗	每盏48颗	每盏3颗	每盏3颗	每盏3颗	每盏3颗
光通量	每盏约400 lm	每盏约500 lm	每盏约50 lm	每盏约50 lm	每盏约180 lm	每盏约50 lm
显色指数	80	80	80	80	80	80
功率	每盏34.6 W	每盏34.6 W	每盏15 W	每盏15 W	每盏15 W	每盏15 W
IP防护指数	IP52	IP52	IP44	IP44	IP44	IP44

表7-7 餐车室内照明环境不同时间段色温调节解析

时间段 \ 位置	顶棚侧部LED灯片	顶棚中部LED筒灯	侧壁壁灯LED灯片	餐桌桌灯LED灯片
6点～8点	2 800 K（暖白日光色）	5 000 K（纯白日光色）	2 800 K（暖白日光色）	2 800 K（暖白日光色）
8点～11点	5 000 K（纯白日光色）	5 000 K（纯白日光色）	2 800 K（暖白日光色）	关闭
11点～13点	2 800 K（暖白日光色）	5 000 K（纯白日光色）	2 800 K（暖白日光色）	2 800 K（暖白日光色）
13点～17点	5 000 K（纯白日光色）	5 000 K（纯白日光色）	2 800 K（暖白日光色）	关闭
17点～19点	2 800 K（暖白日光色）	5 000 K（纯白日光色）	2 800 K（暖白日光色）	2 800 K（暖白日光色）
19点～次日6点	5 000 K（纯白日光色）	5 000 K（纯白日光色）	2 800 K（暖白日光色）	关闭
白天到中间站前准备	5 000 K（纯白日光色）	5 000 K（纯白日光色）	520～535 nm（淡绿光色）	关闭
白天到终点站前准备	5 000 K（纯白日光色）	5 000 K（纯白日光色）	455～465 nm（淡紫光色）	关闭
夜间到中间站前准备	5 000 K（纯白日光色）（相对低照度）	5 000 K（纯白日光色）	585～595 nm（淡黄光色）	关闭
夜间到终点站前准备	5 000 K（纯白日光色）（相对高照度）	5 000 K（纯白日光色）	585～595 nm（淡黄光色）	关闭
应急照明	稀土余辉发光涂料（绿色荧光自发光提示）			

（2）餐车室内照明空间布局（图7-32、图7-33、图7-34、图7-35）。

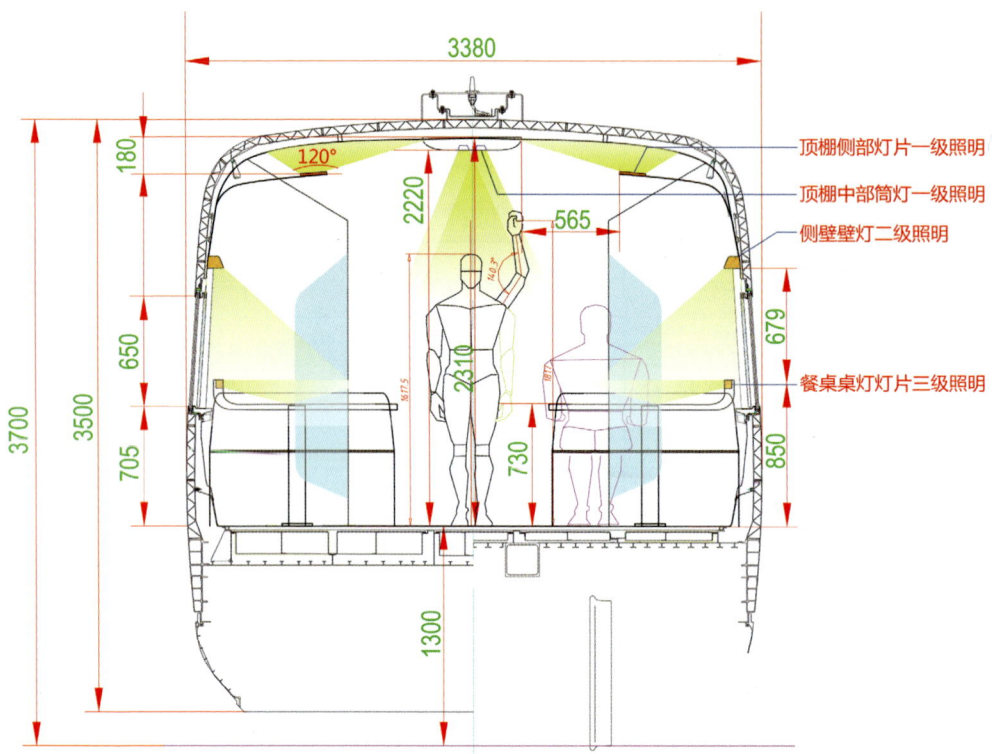

图7-32 B-B方向餐车餐室室内照明空间布局剖视图

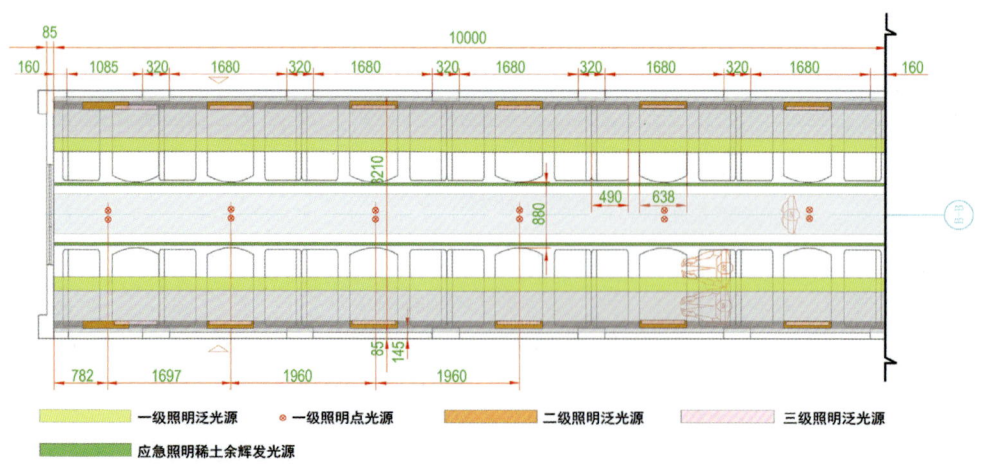

图7-33 A-A方向半节餐车餐室室内照明空间布局剖视图

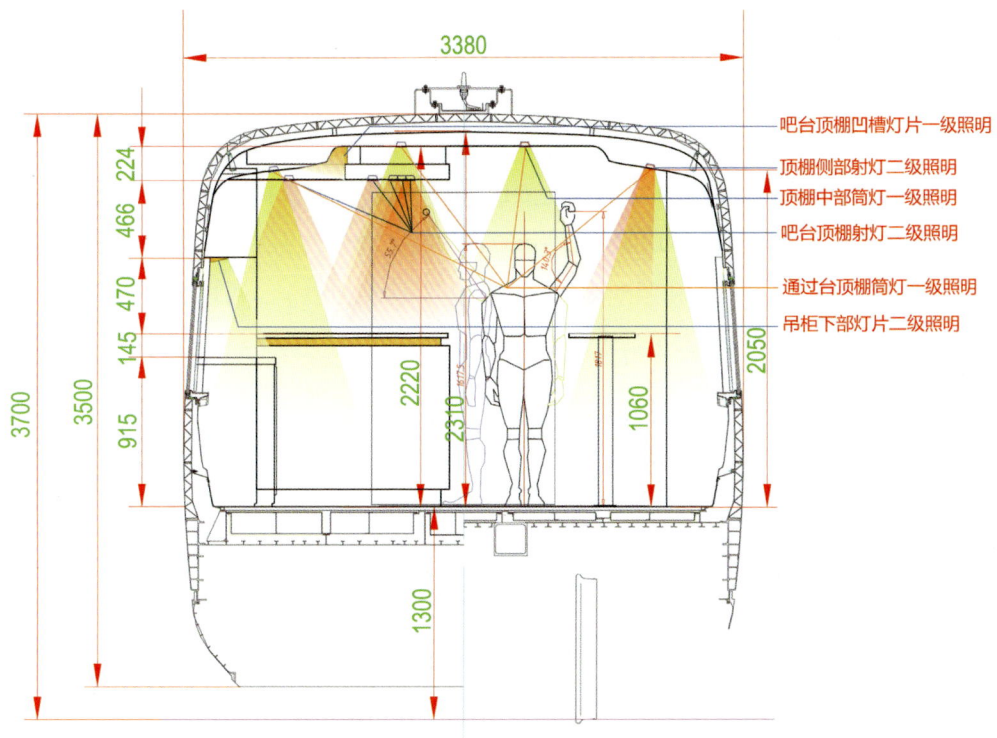

图7-34 B-B方向餐车厨房室内照明空间布局剖视图

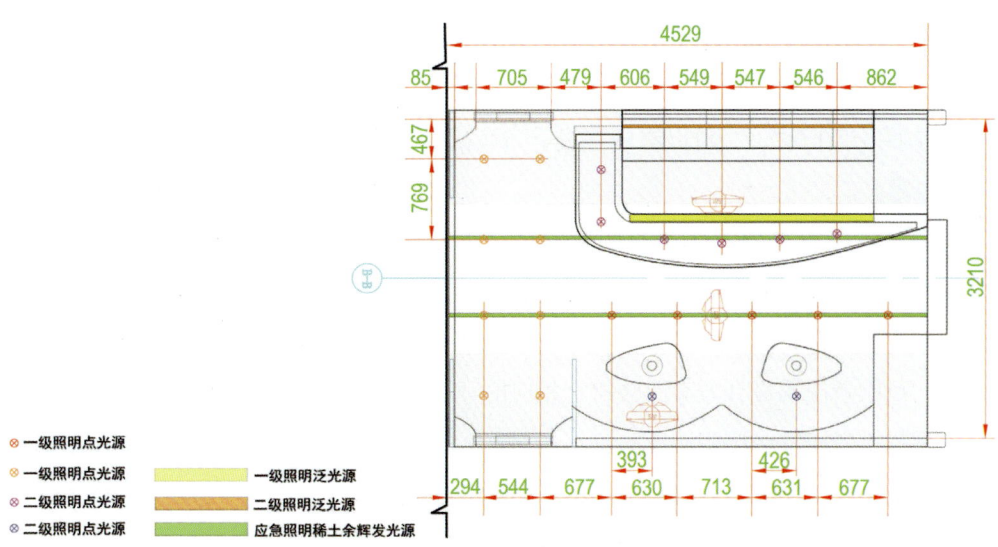

图7-35 A-A方向餐车厨房室内照明空间布局剖视图

7.2.4.3 DIALux软件对餐车室内照明环境设计验证

对餐车室内照明环境设计的验证主要是根据本书前面所述的国家标准及得出的相关照度参考值来进行。餐车车厢包含多个子空间，因此该空间主要验证：

餐车餐室室内照明照度验证。通过DIALux软件仿真计算得出：本设计方案餐车餐室各餐桌面中央测点的平均照度值为202 lx，照度均匀度为0.89，根据前文得出的相关照度参考值（200 lx）和照度均匀度建议值（不小于0.7），可以看出本设计方案比较符合相应的建议参数，达到了设计使用的要求。

餐车厨房操作区照明照度验证。通过DIALux软件仿真计算得出：本设计方案餐车厨房操作台面测点的平均照度值为296 lx，照度均匀度为0.76，根据前文得出的相关照度参考值（150 lx）和照度均匀度建议值（不小于0.7），可以看出本设计方案比较符合相应的建议参数，达到了设计使用的要求。

餐车厨房吧台区照明照度验证。通过DIALux软件仿真计算得出：本设计方案餐车厨房吧台台面上每两灯具间测点的平均照度值为189 lx，照度均匀度为0.88。根据前文得出的相关照度参考值（200 lx）和照度均匀度建议值（不小于0.7），可以看出本设计方案比较符合相应的建议参数，达到了设计使用的要求。

餐车厨房过道区（走廊）照明照度验证。通过DIALux软件仿真计算得出：本设计方案餐车厨房过道区（走廊）纵向中心线距地板面0.8m处测点的平均照度值为135 lx，照度均匀度为0.76。根据前文得出的相关照度参考值（100 lx）和照度均匀度建议值（不小于0.7），可以看出本设计方案比较符合相应的建议参数，达到了设计使用的要求。

餐车厨房靠式就餐区照明照度验证。通过DIALux软件仿真计算得出：本设计方案餐车厨房靠式就餐区吧桌桌面中央测点的平均照度值为193 lx，照度均匀度为0.99，根据前文得出的相关照度参考值（200 lx）和照度均匀度建议值（不小于0.7），可以看出本设计方案比较符合相应的建议参数，达到了设计使用的要求。

餐车厨房通过台照明照度验证。通过DIALux软件仿真计算得出：本设计方案餐车厨房通过台距地板面0.8m处测点的平均照度值为118 lx，照度均匀度为0.84。根据前文得出的相关照度参考值（100 lx）和照度均匀度建议值（不小于0.7），可以看出本设计方案比较符合相应的建议参数，达到了设计使用的要求。

餐车室内照明环境设计各子空间在DIALux软件中照明验证布置如图7-36、图7-37、图7-38、图7-39所示。

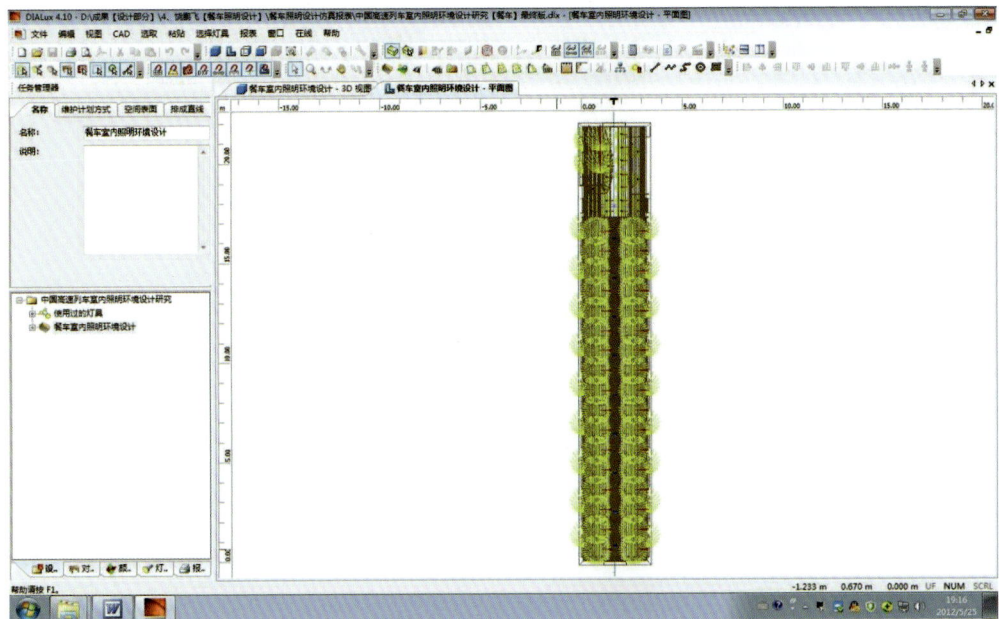

图7-36 DIALux软件中餐车室内照明验证灯具设置顶视图

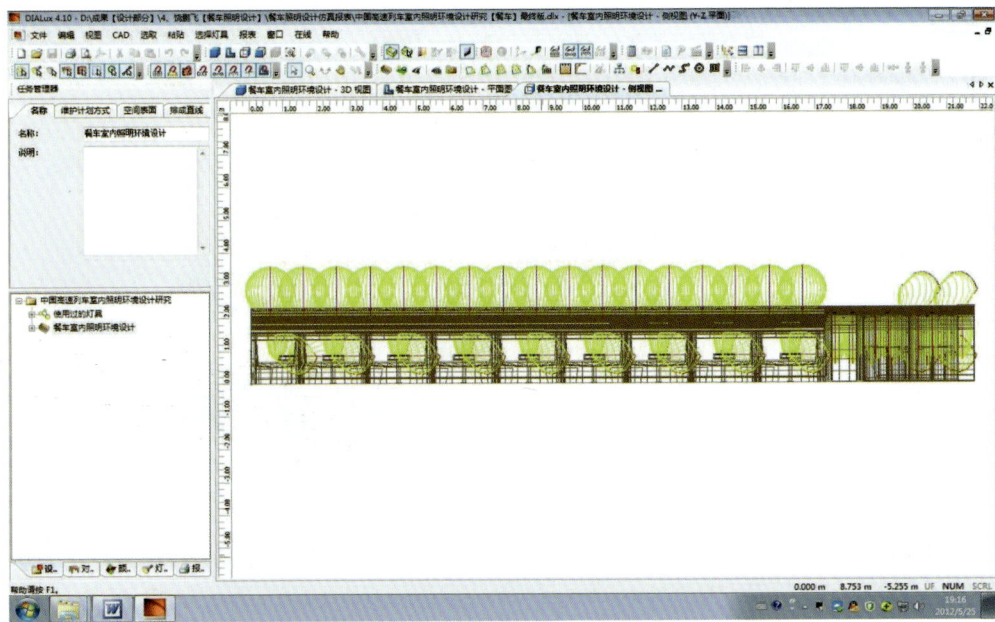

图7-37 DIALux软件中餐车室内照明验证灯具设置右视图

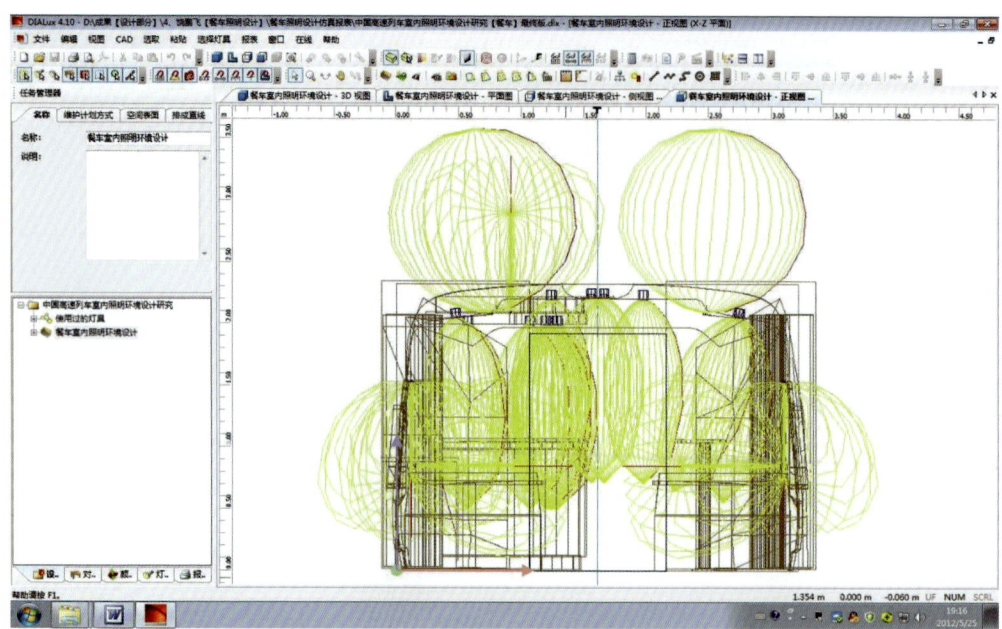

图7-38 DIALux软件中餐车室内照明验证灯具设置前视图

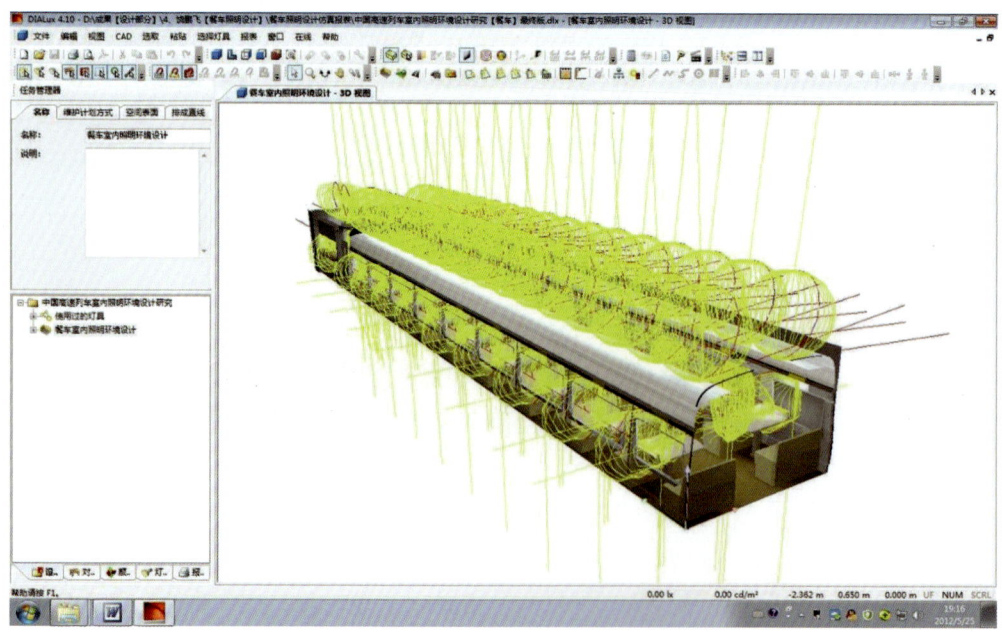

图7-39 DIALux软件中餐车室内照明验证灯具设置透视图

7.3 本章小结

本章通过结合本书前6章的分析和相关结论来指导本次设计实践,主要针对中长途客运专线高速列车的VIP车厢客室、一等车车厢客室及餐车车厢客室3个主要照明空间进行了设计,通过合理调整照明灯具布局,使用合适的照明照度及灯具类型,同时考虑照明环境对乘客生理与心理感受的作用来进行高速列车室内照明设计。

此外,简要介绍了DIALux辅助照明设计软件的相关情况,并运用该软件对此次设计方案的相关空间进行了科学合理的仿真验证,进一步证明设计方案的可行性。本次设计实践对相关空间的照明布局及灯具的选型设计进行了分析和研究,为今后的继续深入研究做好了准备。

思考练习

1. 如何有效地将设计理论体现在设计实践中？
2. 请设计一个产品或空间环境并进行合理的科学性验证。

推荐书目

[1] 云朋. 建筑光环境模拟[M]. 北京：中国建筑工业出版社，2010.

[2] 弓瑞明. 轨道车辆内部照明设计的建模与仿真[J]. 铁道车辆，2008.

[3] 范静静. 中国高速列车内室照明设计研究[D]. 成都：西南交通大学，2010.

[4] 刘毅军. 光与空间一体化视觉设计研究初探[D]. 厦门：华侨大学，2004.

[5] H. H TOPP. Innovations in tram and light rail systems[J]. Proceeding of the Institution of Meachanical Engineers, Part F, Journal of Rail and Rapid Transit, 1999.

[6] DAVID A HENSHER. The imbalance between car and public transport use in urban[J]. Meachanical of Engineers Part F, Australia Transport Policy, 1998.

结 论

中国高速列车室内照明设计的发展是一个循序渐进的过程，需要不断地深入研究和实践。作为一个高速运行的动态空间，其室内照明环境设计需要向建筑静态空间学习和借鉴，需要我们关注在高速快节奏运行状态下车内照明环境的"慢生活"心理感受。本书主要的成果和结论如下：

（1）本书通过分析动态高速列车空间室内照明子系统与静态建筑公共空间室内照明子系统的纵向对比和其他公共交通工具动态空间室内照明子系统的横向对比，分析和总结出了各子系统间的共通性与差异性，进而通过学习和借鉴归纳出高速列车室内照明环境的自身特点和表现方式。

（2）本书通过我国现行高速列车室内照明问卷调查的主观评价结果与基于实测物理参数的高速列车室内照明环境客观检测评价结果进行比较分析，提出了中国高速列车室内照明照度参考值，同时提出了中国高速列车室内照明设计的相关改进建议和注意事项，为我国高速列车室内照明环境设计提供了一定参考。

（3）本书对高速列车进出隧道时车内照明光环境与车外光环境的明暗适应性问题提供了一定的解决方法和建议，并进行了相关计算和推演。

（4）本书在分析归纳出相关参考值的指导下，进行了中国高速列车室内照明环境相关空间的设计实践，通过设计实践也进一步验证参考建议的合理性，同时通过专业的计算机辅助照明设计软件进行了设计方案的深入分析和验证，为设计方案的可行性提供了依据。

（5）本书在设计实践中对高速列车室内照明环境氛围照明的营造做了重点设计，从人（乘客）—机（照明器具）—环境（氛围照明）的交互设计来进行研究，希望照明能烘托旅行的氛围和气氛，让旅途不再那么枯燥劳累。

作者对中国高速列车室内照明环境的展望和今后继续深入研究的方向是：

（1）未来的高速列车将会以智能化和多维交互式来进行，照明子系统能够在高速列车大系统下合理配置，本文中提出的人—机（照明）交互+机（照明）—机（终端）交互+人（乘客）—人（乘务员、乘客）交互形成的开放分布式集成化高速列车照明协调系统或将成为可能。

（2）LED光源自动感应无级调光将会成为一种趋势和发展方向，同时人性化的照明色温和光谱值会更加受到重视和关注。

由于客观条件和自身的知识结构所限，本书对一些问题的研究还不够深入，需要今后进一步研究。在设计方案实际呈现方面需要与高速列车机械工程师和照明电路工程师合作，这些内容作者将会在以后进行深入学习和研究。

参考文献

[1] 钱立新. 世界高速铁路技术[M]. 北京：中国铁道出版社，2002.
[2] 张曙光. CRH1型动车组[M]. 北京：中国铁道出版社，2008.
[3] 张曙光. CRH2型动车组[M]. 北京：中国铁道出版社，2008.
[4] 张曙光. CRH5型动车组[M]. 北京：中国铁道出版社，2008.
[5] 铁道部运输局. CRH系列动车组故障处理汇编[M]. 北京：中国铁道出版社，2008.
[6] 张中央. 动车组操纵与安全[M]. 成都：西南交通大学出版社，2008.
[7] 商跃进. 动车组车辆构造设计[M]. 成都：西南交通大学出版社，2010.
[8] 李晓村. 动车组构造[M]. 成都：西南交通大学出版社，2009.
[9] 刘志明. 动车组设备[M]. 北京：中国铁道出版社，2010.
[10] 李强. 动车组设计[M]. 北京：中国铁道出版社，2008.
[11] 宋永增. 动车组制造工艺[M]. 北京：中国铁道出版社，2007.
[12] 李芾. 高速动车组概论[M]. 成都：西南交通大学出版社，2008.
[13] 董锡明. 高速动车组工作原理与结构特点[M]. 北京：中国铁道出版社，2007.
[14] 王伯铭. 高速动车组总体及转向架设计[M]. 成都：西南交通大学出版社，2008.
[15] 贾俊芳. 高速铁路客运服务[M]. 北京：中国铁道出版社，2009.
[16] 侯卫星. 0号高速综合检测列车[M]. 北京：中国铁道出版社，2010.
[17] 刘转华. 动车组技术[M]. 成都：西南交通大学出版社，2010.
[18] 丁玉兰. 人机工程学[M]. 北京：北京理工大学出版社，2007.
[19] 刘春荣. 人机工程学应用[M]. 上海：上海人民美术出版社，2009.
[20] 廖建桥. 人因工程[M]. 北京：高等教育出版社，2006.
[21] 孙林岩. 人因工程[M]. 北京：高等教育出版社，2008.
[22] [美]贝尔，等. 环境心理学[M]. 朱建军，等，译. 北京：中国人民大学出版社，2009.
[23] 常怀生. 环境心理学与室内设计[M]. 北京：中国建筑工业出版社，2000.
[24] 马铁丁. 环境心理学与心理环境学[M]. 北京：国防工业出版社，1996.
[25] 王令中. 视觉艺术心理[M]. 北京：人民美术出版社，2005.
[26] [美]鲁道夫·阿恩海姆. 艺术与视知觉[M]. 滕守尧，等，译. 成都：四川人民出版社，1998.
[27] [美]鲁道夫·阿恩海姆. 视觉思维——审美直觉心理学[M]. 滕守尧，译. 成都：四川人民出版社，1998.
[28] 杨公侠. 视觉与视觉环境[M]. 上海：同济大学出版社，2002.
[29] 史新. 照明工程设计禁忌手册[M]. 武汉：华中科技大学出版社，2010.
[30] [日] NIPPO电机株式会社. 间接照明[M]. 许东亮，译. 北京：中国建筑工业出版社，2004.

[31] 王超鹰. 21世纪超级灯光设计[M]. 上海：上海人民美术出版社，2006.
[32] 杜异. 照明系统设计[M]. 北京：中国建筑工业出版社，1999.
[33] [英]D·C普里·德. 照明设计[M]. 北京：中国建筑工业出版社，2006.
[34] [日]中岛龙兴. 照明灯光设计[M]. 马卫星，译. 北京：北京理工大学出版社，2003.
[35] [美]M·戴维·埃甘. 建筑照明[M]. 北京：中国建筑工业出版社，2006.
[36] 常志刚. 亮度空间设计[M]. 北京：中国建筑工业出版社，2007.
[37] 刘锋. 室内灯饰装潢技巧[M]. 上海：上海科学技术出版社，1997.
[38] 赵思毅. 室内光环境[M]. 南京：东南大学出版社，2003.
[39] 李文华. 室内照明设计[M]. 北京：中国水利水电出版社，2007.
[40] 陈小丰. 建筑灯具与装饰照明手册[M]. 北京：中国建筑工业出版社，2000.
[41] 周太明. 光源原理与设计[M]. 上海：复旦大学出版社，2006.
[42] 姜晓樱. 光与空间设计[M]. 北京：中国电力出版社，2009.
[43] 张金红. 光环境设计[M]. 北京：北京理工大学出版社，2009.
[44] 田鲁. 光环境设计[M]. 湖南：湖南大学出版社，2006.
[45] 周莉. 餐馆照明[M]. 上海：复旦大学出版社，2004.
[46] 郝洛西. 光+设计照明教育的实践与发现[M]. 北京：机械工业出版社，2008.
[47] [日]日本建筑学会. 光和色的环境设计[M]. 北京：机械工业出版社，2006.
[48] 山东照明协会. 实用照明设计[M]. 北京：机械工业出版社，2011.
[49] 马丽. 环境照明设计[M]. 北京：人民美术出版社，2008.
[50] 李建华，于鹏. 室内照明设计[M]. 北京：中国建材工业出版社，2010.
[51] 马丽. 室内照明设计[M]. 北京：中国传媒大学出版社，2011.
[52] 黄艳. 照明设计[M]. 北京：中国青年出版社，2007.
[53] 李春茂. LED结构原理与应用技术[M]. 北京：机械工业出版社，2011.
[54] 陈传虞. LED驱动芯片工作原理与电路设计[M]. 北京：人民邮电出版社，2011.
[55] 苏永道. LED封装技术[M]. 上海：上海交通大学出版社，2010年9
[56] 陈传. LED驱动芯片工作原理与电路设计[M]. 北京：人民邮电出版社，2011.
[57] 周志敏. LED照明电路设计100例——通用照明、车用照明、背光照明[M]. 北京：电子工业出版社，2011.
[58] 周志敏. LED照明与工程设计[M]. 北京：人民邮电出版社，2010.
[59] 周志敏. 大功率LED照明技术设计与应用[M]. 北京：电子工业出版社，2011.
[60] 陈育明. 太阳能LED照明系统[M]. 北京：化学工业出版社，2011.
[61] 李乐山. 设计调查[M]. 北京：中国建筑工业出版社，2007.
[62] 徐云升. 实验数据处理与科技绘图[M]. 广州：华南理工大学出版社，2010.
[63] 云朋. 建筑光环境模拟[M]. 北京：中国建筑工业出版社，2010.
[64] 杜智敏. 抽样调查与SPSS应用[M]. 北京：电子工业出版社，2010.
[65] 潘伦典，等. 铁路旅客列车车内照明照度卫生标准研究[J]. 铁道劳动安全卫生与环保，1990（1）.
[66] 庄达民. 照明与人的视觉特性[J]. 家电科技，2004（9）.
[67] 伍世平，等. 旅客列车车厢照明现状的调查[J]. 铁道劳动安全卫生与环保，1990（1）.

[68] 潘伦典,等. 铁道硬卧客车卧室内不同灯具布局照明效果的评价[J]. 铁道劳动安全卫生与环保,1990(3).

[69] 弓瑞明. 轨道车辆内部照明设计的建模与仿真[J]. 铁道车辆,2008(6).

[70] 高健飞,等. 铁路车辆LED平面光源照明灯具设计探索[J]. 铁道车辆,2009(10).

[71] 刘军良,等. 城轨车辆客室LED照明的特点及灯具设计选型分析[J]. 电力机车与城轨车辆,2010(3).

[72] 支锦亦. 旅客列车内部设计的色彩与照明因素分析[J]. 装饰,2008(2).

[73] 支锦亦. 铁路客车色彩研究[D]. 成都:西南交通大学,2006.

[74] 范静静. 中国高速列车内室照明设计研究[D]. 成都:西南交通大学,2010.

[75] 刘毅军. 光与空间一体化视觉设计研究初探[D]. 厦门:华侨大学,2004.

[76] Innovations in tram and light rail systems[J]. Journal of Rail and Rapid Transit,1998

[77] The imbalance between car and public transport use in urban[J]. Australia Transport Policy,1998

[78] Builder rise to standard trains challenge[J]. Railway Gazette International,1998

[79] 国家标准局. 照明测量方法(GB/T 5700—2008)[S]. 北京:中国标准出版社,2008.

[80] 国家标准局. 建筑照明设计标准(GB 50034—2004)[S]. 北京:中国建筑工业出版社,2004.

[81] 国家标准局. 建筑采光设计标准(GB/T 50033—2001)[S]. 北京:中国建筑工业出版社,2001.

[82] 国家标准局. 铁道客车照明设计基本参数(GB/T 12815-91)[S]. 北京:中国标准出版社,1992.

[83] 国家标准局. 视觉环境评价方法(GB/T 12454-2008)[S]. 北京:中国标准出版社,2008.

[84] 国家标准局. 铁路旅客列车室内照明度测量方法(TB 2142-90)[S]. 北京:中国标准出版社,1990.

[85] 国家标准局. 铁路旅客列车室内照明卫生要求(TB 2141-90)[S]. 北京:中国标准出版社,1990.

[86] 国家标准局. 城市轨道交通照明(GB/T 16275-2008)[S]. 北京:中国标准出版社,2008.

[87] 国家标准局. 色度学用CIE标准照明体(GB/T 20146-2006/CIE S 005:1999)[S]. 北京:中国标准出版社,2006.

[88] 国家标准局. 装饰照明用LED灯(GB/T 24909-2010)[S]. 北京:中国标准出版社,2010.

[89] 国家标准局. 灯的控制装置 第六部分:公共交通运输工具照明用直流电子镇流器的特殊要求(GB 19510.6-2005/IEC 61347-2-5:2000)[S]. 北京:中国标准出版社,2005.

[90] 国家标准局. 应急照明灯具安全要求(GB 7000.2-1996/IEC 598-2-22)[S]. 北京:中国标准出版社,1996.

[91] 中国国家标准网:http://www.chinaios.com/

[92] 中华人民共和国铁道部:http://www.bjmtg.gov.cn

[93] 加拿大庞巴迪公司:http://www.bombardier.com/

[94] 西门子公司：http://www.siemens.com/entry/cc/en/

[95] 阿尔斯通公司：http://www.alstom.com/home/

[96] 播音公司：http://www.boeingchina.com

[97] 空中客车公司：http://www.airbus.com.cn/

[98] 嘉年华邮轮公司：http://www.carnival-china.com/ship/

[99] 长春轨道客车股份有限公司：http://www.cccar.com.cn

[100] 中国北方机车车辆工业集团公司：http://www.cnrgc.com

[101] 中国南车股份有限公司：http://www.csrgc.com.cn/

[102] DIAL建筑科技与照明服务中心：http://www.dial.de/DIAL/cn/

[103] 三雄极光照明有限公司：http://www.pak.com.cn/

[104] 兰普电器有限公司：http://www.chinalanp.com/

[105] 海子铁路网：http://www.hasea.com/

[106] 地铁族网：http://www.ditiezu.com/